Pistache kook

100 recepten voor het verkennen van de veelzijdigheid
van deze machtige noot

Fenna Groen

Auteursrechtelijk materiaal ©2023

Alle rechten voorbehouden

Geen enkel deel van dit boek mag in welke vorm of op welke manier dan ook worden gebruikt of verzonden zonder de juiste schriftelijke toestemming van de uitgever en de eigenaar van het auteursrecht, met uitzondering van korte citaten die in een recensie worden gebruikt. Dit boek mag niet worden beschouwd als vervanging van medisch, juridisch of ander professioneel advies.

INHOUDSOPGAVE

INHOUDSOPGAVE..3
INVOERING..8
ONTBIJT..9
1. Pistache ijsthee..10
2. Biscotti van pistache...12
3. Theebrood met pistachenoten..14
4. Smoothie van pistache en avocado................................16
5. Pistache Pannenkoeken Met Pistache Boter..................18
6. Peren Chia Pistache Ontbijt Parfait Potten....................21
7. Scones van pistache..24
8. Pistache Kaneelbrood _..26
9. Bramen Pistachebroodjes...29
10. Citroen Donuts Met Pistachenoten..............................32
11. Oranje Bloem, Pistache En Dadel Havermout.............35
12. Pistaches Havermout..37
13. Gouden wafels met tropisch fruit.................................39
14. Pistache notenmelk..42
VOORGERECHTEN...44
15. Pistache Matcha Ballen..45
16. Parmezaanse kaas en Ricotta Pizza..............................47
17. Linzen, pistache en shiitake burger..............................49
18. Baklava...52
19. Pistache karamels...55
20. In chocolade gedoopte nougatine.................................57
21. Crunch van pistache...59

22. Pistache suikerkoekjes...61

23. Pistache & witte chocoladekoekjes...................................63

24. Pistache wafels..65

25. Pistache Muffins..67

26. Zwarte Olijven En Pesto Pizza..70

27. Peren Bladerdeeg Pinwheel s...72

HOOFDGERECHT..75

28. Curry Rijst Pistache Pilaf..76

29. Tofu Met Pistache-Granaatappelsaus..............................79

30. Boterbloempompoen Gevuld Met Pistache-Abrikozenrijst...81

31. Pistache gebakken vis..83

32. Terrine van pistache en kip..85

33. Met pistache ingelegde zalm met beurre blanc.............87

34. Gnocchetti met garnalen & pesto....................................89

35. Lamskoteletjes met pistachekorst...................................92

36. Krokante Pistache Kip Met Courgette Lint Salade.......94

37. Heilbot met pistachekorst..97

38. Gebraden Ossenhaas Gevuld met Mortadella & Pistachenoten..99

39. Gebraden kip met pistachepesto...................................102

40. Saffraanrijst met Barberries, Pistache & Gemengde Kruiden...105

41. Gestoofde Eieren met Lam, Tahini & Sumac................107

42. Zalm met Bailey's Irish Cream Sauce............................110

43. Rainbow Chard met Goji-bessen en pistachenoten.....113

44. Salade van heirloom tomaat en nectarine....................115

45. Pistache salade..117

46. Amandel pistache saffraan kerriesaus............................119
47. Pistache soep..121
48. Avocado-Pistache Pesto Noodle Salade.......................124
49. Witlof & Citrus Salade Met Geschaafde Venkel.........126
NAGERECHT..128
50. Soufflé van abrikoos en pistache.............................129
51. Pistachesoufflé met pistacheroomijs.......................131
52. Pistache Matcha-ijs...134
53. Granaatappel bezit met pistache biscotti..................136
54. Goji, pistache en citroentaart..................................139
55. Vanille Pistache Ijs...142
56. Citroen meringue-pistache taart..............................144
57. Taart met pistachelaagjes..147
58. Pistache taart..150
59. Pistache Kulfi...153
60. Nootachtig pistacheroomijs....................................155
61. Pistachepudding...157
62. Aardbei pistache mille-feuillantines.......................159
63. Bramen Honing Panna Cotta..................................162
64. Creme Fraiche Panna Cotta met bramen.................164
65. Karnemelk Geitenkaas Panna Cotta Met Vijgen........166
66. Pistache Panna Cotta..169
67. Geroosterde Rabarber en Pistache Panna Cotta.........171
68. van kardemom en bloedsinaasappel.......................173
69. Kardemom-honing Yoghurt Panna cotta..................176
70. Pistache en Basilicum Panna Cotta.........................178
71. Saffraan Pistache Panna Cotta................................181

72. Panna cotta van rozenyoghurt..183
73. No-Bake Choc Chip Cannoli Cheesecake...............185
74. Pistache En Hagelslag Cannoli................................187
75. Sinaasappel Curacao Cannoli...................................190
76. Cannoli alla siciliana...194
77. Cannoli roompizza..197
78. Cannoli met hazelnootcrème....................................199
79. Chocolade pistache cannolis....................................201
80. Magere cannoli met frambozensaus.......................203
81. Wonton-cannoli..206
82. Cannoli gevuld met vers fruit Srikhand.................209
83. Cannoli Delight met pistachenoten........................211
84. Italiaanse Cannoli bites met pistachenoten..................214
85. Cannoli kegels..217
86. Cannoli Pistache Cupcakes.....................................219
87. Cannoli-sandwichkoekje..221
88. Cannoli-cheesecake zonder bak met chocoladeschilfers
....224
89. Citroen-aardbeienmoussecake................................226
90. Zoete Filo-sigaren..230
91. Graibeh...233
92. Mutabbaq...235
SPECERIJEN...238
93. Avocado-Pistache Pesto..239
94. Geitenkaas en pistache spread................................241
95. Pesto van pistache -basilicum.................................243
DRANKJES..245

96. Smoothie Aardbei & Pistache..246
97. Groene Thee Gin..248
98. Ongelooflijke Hulk...250
99. Bessen Pistache Smoothie...252
100. Pistache Banaan Smoothie Met Avocado....................254
CONCLUSIE..256

INVOERING

Dit kookboek is een viering van de veelzijdige en smaakvolle pistachenoot. Met 100 verrukkelijke recepten met pistachenoten als belangrijkste ingrediënt, ontdek je nieuwe en spannende manieren om deze noot te verwerken in je zoete en hartige gerechten. Van romig pistache-ijs tot hartige kip met pistachekorst, er is een recept voor elke gelegenheid. Elk recept gaat vergezeld van een prachtige gekleurde afbeelding om de heerlijke resultaten te laten zien. Of je nu een pistacheliefhebber bent of gewoon op zoek bent naar creatieve manieren om meer noten aan je dieet toe te voegen, dit kookboek is een must-have.

ONTBIJT

1. Pistache ijsthee

Maakt: 2

INGREDIËNTEN:
- 2 zakjes zwarte thee Assam-thee
- 2 kopjes heet water
- 1 theelepel rozenconfituur
- 2 theelepels geblancheerde en geraspte pistachenoten
- 2 kruidnagels
- 1/2-inch kaneel
- 1 Kardemom
- 1 theelepel suiker optioneel
- 1 snufje saffraandraadjes
- 6 ijsblokjes

INSTRUCTIES
a) Vries de serveerglazen 10 minuten in .
b) Bind de hele kruiden en de thee in een mousseline doek.
c) Breng het water aan de kook. Voeg de mousseline doek toe aan het kokende water.
d) Laat de theezakjes en het kruidenzakje 5 minuten trekken .
e) Zeef in een kom. Voeg de rozenconfituur en extra suiker toe .
f) Meng de helft van de pistachenoten erdoor en roer goed.
g) Giet in de bevroren glazen.
h) Voeg indien nodig nog een paar blokjes toe. Werk af met de resterende pistachenoten en saffraan.
i) Serveer onmiddellijk gekoeld.

2. Biscotti van pistache

Maakt: 32 porties

INGREDIËNTEN:
- 2 eieren
- 1 theelepel Amandelextract
- 1 theelepel Vanille-extract
- ½ kopje Suiker
- 1¾ kopjes Cakemeel
- 1 theelepel Bakpoeder
- ¼ theelepel Zout
- ⅔ kopje Gepelde pistachenoten
- 3 ons Halfzoete chocolade, gesmolten

INSTRUCTIES

a) Verwarm de oven tot 350'F. Klop in een middelgrote kom de eieren met een elektrische mixer op hoge snelheid luchtig. Klop geleidelijk amandelextract, vanille en suiker erdoor tot het mengsel dik en citroenkleurig is, en schraap regelmatig langs de zijkanten van de kom met een rubberen spatel.

b) Meng cakemeel met bakpoeder en zout. Spatel met een draadgarde door het eimengsel tot het net goed gemengd is. Vouw de pistachenoten erdoor.

c) Vet een strook van 10x14 "in het midden van twee bakplaten in. Lepel de helft van het pistachemengsel in het midden van elk bakplaat om een blok van 3x10" te maken. Bak 30 minuten. Haal uit de oven; oven aan laten staan.

d) Laat de blokken 5 minuten op de vellen afkoelen, of tot ze koel genoeg zijn om te hanteren.

e) Snijd met een gekarteld mes elk blok diagonaal in 16 plakken. Leg de plakjes met de platte kant naar beneden op de bakplaat en zet ze terug in de oven. Bak gedurende 5 minuten. Draai de plakjes om en bak 5-7 minuten, of tot ze aan beide kanten goudbruin zijn. Verwijder naar rekken en laat staan totdat het voldoende is afgekoeld om te hanteren. Smeer gesmolten chocolade over een uiteinde van biscotti en laat volledig afkoelen. Bewaar in een goed afgesloten container. Voor: 32 koekjes.

3. Theebrood met pistachenoten

Maakt: 1 portie

INGREDIËNTEN:
- 1 Stick boter
- 1 kopje Suiker
- 2 eieren
- 3 kopjes sinaasappelsap
- Geraspte schil van 2 sinaasappels
- 12 kopjes zelfrijzend bakmeel
- 2 kopjes verse of gereconstitueerde karnemelk in poedervorm
- 1 kop Hele pistachenoten

INSTRUCTIES
a) Verwarm de oven voor op 350 graden F. Vet en bloem een 9 x 5 x 3-inch broodvorm in. Klop in een grote mengkom de boter en suiker totdat ze goed gemengd zijn.
b) Klop de eieren, het sinaasappelsap erdoor en pel tot het licht is. Voeg de bloem toe, afgewisseld met de karnemelk. Spatel de pistachenoten erdoor.
c) Giet in de voorbereide pan en bak tot een in het midden gestoken spies er schoon uitkomt, ongeveer 1 uur.

4. Smoothie van pistache en avocado

Maakt: 2 porties

INGREDIËNTEN:

- 1¾oz pistachenoten
- 1 kleine avocado, ontpit, geschild en in vieren gesneden
- 1 theelepel hennepzaadolie
- 2 theelepels lijnolie
- sap van ½ citroen
- vers sap van 6 stengels bleekselderij
- versgemalen zwarte peper naar smaak snufje zout
- 3-4 verse basilicumblaadjes
- een beetje mineraalwater

INSTRUCTIES

a) Doe alle ingrediënten behalve het mineraalwater in een blender of keukenmachine en mix tot een gladde massa. Voeg voldoende mineraalwater toe om ervoor te zorgen dat de smoothie een schenkbare consistentie heeft.

b) Serveer in glazen, met een snufje fijngehakte pistachenoten erop.

5. Pistache Pannenkoeken Met Pistache Boter

Maakt: 4

INGREDIËNTEN:
- 1 kopje bloem voor alle doeleinden
- 1/3 kopje fijngemalen pistachenoten
- 2 eetlepels suiker
- 1 theelepel bakpoeder
- 1 theelepel zuiveringszout
- 1/4 theelepel zout
- 2 grote eieren, licht losgeklopt
- 1 1/4 kopjes melk
- 1 theelepel vanille-extract
- 2 eetlepels ongezouten boter, gesmolten

PISTACHE BOTER
- 3 eetlepels fijngemalen pistachenoten
- 6 eetlepels ongezouten boter

VANILLE BRUINE BOTERSTROOP
- 2 eetlepels ongezouten boter
- 1/2 theelepel vanilleboonpasta
- 1/3 kopje ahornsiroop

INSTRUCTIES

a) Meng in een grote kom de bloem, pistachenoten, suiker, bakpoeder, soda en zout. Klop samen tot gecombineerd. Klop in een kleinere kom de eieren, melk, vanille-extract en boter door elkaar. Voeg de natte **INGREDIËNTEN TOE:** aan de droge, meng tot een gladde massa en gecombineerd.

b) Verhit een grote koekenpan of elektrische bakplaat op middelhoog vuur. Voeg desgewenst een beetje boter toe, giet dan 1/4 kopje beslag op de hete koekenpan en herhaal, laat een centimeter tussen de pannenkoeken. Kook tot de pannenkoeken bubbelen aan de bovenkant en randen, ongeveer 2 minuten. Draai om en bak nog een minuut of twee tot ze goudbruin en stevig zijn. Bestrijk de pannenkoeken met de pistacheboter en siroop.

PISTACHE BOTER

c) Klop de boter en pistachenoten tot een geheel. Je kunt het zo gebruiken of in de koelkast zetten om wat uit te harden. Als dat het geval is, kunt u het stevig in plasticfolie wikkelen en bewaren totdat u het nodig heeft.

VANILLE BRUINE BOTERSTROOP

d) Verhit de boter op middelhoog vuur in een pan en klop constant. Kook tot het bubbelt en de bruine stukjes op de bodem verschijnen, ongeveer 4 tot 5 minuten, roer dan snel de vanilleboonpasta erdoor en haal het van het vuur. Terwijl het warm is, roer het door de ahornsiroop en serveer onmiddellijk.

6. Peren Chia Pistache Ontbijt Parfait Potten

Maakt: 2

INGREDIËNTEN:
PEER CHIA PUDDING:
- ¼ kopje perenpuree
- ⅓ kopje ongezoete vanille of gewone amandelmelk
- 3 eetlepels chiazaad
- Peer Avocado Pudding:
- 1 rijpe avocado
- 1-2 theelepels honing of kokosnectar, afhankelijk van de gewenste zoetheid
- 2 eetlepels perenpuree

OVERIGE LAGEN & GARNEERWERKEN:
- ½ kopje van je favoriete granola
- ½ kopje gewone kokosyoghurt of vanille Griekse yoghurt
- ¼ kopje gehakte verse peer
- 2 eetlepels gehakte pistachenoten
- 2 theelepels honing of kokosnectar

INSTRUCTIES

a) Begin met het bereiden van de Pear Chia Pudding door alle ingrediënten in een kom te doen, te mixen tot alles goed gemengd is en laat het vervolgens 15-20 minuten in de koelkast staan om in te dikken.

b) Maak vervolgens de Avocado Pear Pudding door alle ingrediënten toe te voegen aan een kleine keukenmachine of babykogel en pulseer tot het mengsel glad is. Test de smaak en voeg meer honing/kokosnectar toe als je de zoetere avocadopudding lekker vindt.

c) Zodra de chiapudding is ingedikt, roer je hem nog een keer door en je bent klaar om alle ingrediënten in lagen te leggen.

d) Verdeel de granola, yoghurt, chiapudding en avocadopudding met behulp van twee potten van 8 ounce en leg deze in elke gewenste opstelling tussen de twee potten.

e) Werk af door elke pot te bedekken met 2 eetlepels gehakte verse peer en 1 eetlepel gehakte pistachenoten, en besprenkel vervolgens elke pot met 1 theelepel honing of kokosnectar.

7. Scones van pistache

Voor: 8 scones

INGREDIËNTEN:
- 1 1/2 kopjes bloem
- 1/4 kopjes suiker
- 1/4 theelepel zout
- 1 1/2 theelepel bakpoeder
- 1 tl citroenschil
- 4 eetlepels boter
- 1/3 kopjes gehakte, gepelde pistachenoten
- 1 ei, licht losgeklopt
- 2 eetlepels melk

INSTRUCTIES :
a) Verwarm de oven voor op 425F.
b) Meng in een grote kom bloem, suiker, zout, bakpoeder en citroenschil. Snijd de boter erdoor tot het mengsel op grove kruimels lijkt. Meng pistachenoten erdoor.
c) Voeg ei en melk toe, meng tot het bevochtigd is.
d) Rol uit tot een rechthoek van ongeveer 1/2" dik. Snijd in driehoeken.
e) Leg op een niet-ingevette bakplaat. Bak gedurende 12-15 minuten, tot ze goudbruin zijn.
f) Haal de scones uit de oven en laat ze 1-2 minuten voor het eten afkoelen op een rooster.

8. Pistache Kaneelbrood

Voor: 2 broden

INGREDIËNTEN:
- 1/2 kopje witte suiker
- 2 eetlepels kaneel
- 1 gele cakemix
- Twee dozen van 3,5 ounce instant pistachepuddingmix
- 4 eieren
- 1/4 kopje plantaardige olie
- 1/8 kopje water
- 1 kopje zure room
- 1 theelepel groene kleurstof
- 1 theelepel vanille-extract
- 1 theelepel amandelextract
- 3 eetlepels melk
- 1 1/2 kopjes poedersuiker
- 1/2 kopje gehakte gepelde pistachenoten

INSTRUCTIES
a) Verwarm de oven voor op 350 * F
b) Vet twee broodpannen in met een spuitbus olie of boter.
c) Combineer witte suiker en kaneel in een kleine kom, meng goed.
d) Giet kaneelsuiker in de broodpan en schud het voorzichtig rondom de bodem en zijkanten van de pan. Bedek beide pannen..
e) Combineer cakemix, pistachepuddingmix, eieren, olie, water en zure room in een middelgrote kom.
f) Voeg extra groene kleurstof toe als u wilt dat uw brood donkerder groen is. De mijne is limoengroen van kleur, meng goed.
g) Het beslag zal erg dik zijn. Giet de helft van het beslag in elke pan. Smeer er glad overheen ter voorbereiding op het bakken.
h) Bak gedurende 45 minuten of tot een tandenstoker die je in het midden van het brood prikt er schoon uitkomt.

i) Laat het brood 5 minuten rusten voordat u het uit de pannen haalt en volledig laat afkoelen op een rooster.
j) Zodra de cake volledig is afgekoeld, maak je glazuur.
k) Combineer vanille-extract, amandelextract en melk in een kleine kom met een handgarde. Goed mengen.
l) Voeg poedersuiker 1/2 kop per keer toe, meng goed na elke toevoeging.
m) Nadat het glazuur is gemengd, over het brood gieten.
n) Werk onmiddellijk af met gehakte pistachenoten, want het glazuur droogt snel.

9. Bramen Pistachebroodjes

Voor: 12 broodjes

INGREDIËNTEN:
VOOR DE BROODJES:
- 3 kopjes bloem voor alle doeleinden
- 2 kopjes havermeel
- 1 kopje snelkokende haver
- ½ stok ongezouten boter, gesmolten
- 1 ½ kopje melk, warm
- ¾ kopje kristalsuiker
- 2 grote eieren, kamertemperatuur
- 2 eetlepels. vanillesuiker
- 1 zakje instantgist
- 1 theelepel. gemalen kardemom
- ½ theelepel. zout
- 2 eetlepels. meel om het werkvlak mee te bestrooien
- 1 ei, losgeklopt om het deeg mee te bestrijken

VOOR DE VULLING:
- 1 ½ kopje verse bramen
- 1 kopje pistachenoten, geplet
- ⅓ kopje kristalsuiker

INSTRUCTIES
VOOR DE BROODJES:
a) Doe de bloem voor alle doeleinden, havermeel, snelkokende haver, gemalen kardemom, zout in een grote kom en klop ze samen. Voeg de kristalsuiker, vanillesuiker en instantgist toe en klop opnieuw. Voeg de eieren, lichtgeklopte, warme melk toe en meng goed. Voeg de gesmolten boter toe en kneed het deeg 5 minuten.

b) Doe het deeg in een ingevette kom en dek de kom af met plastic folie. Plaats het op een warme plaats en laat het deeg rijzen tot het verdubbeld is in volume, 1 ½ tot 2 uur.

VOOR DE VULLING:
c) Meng in een kom de bramen met de suiker.

VOOR DE BROODJES:
d) Leg het deeg op een met bloem bestoven werkvlak. Druk het plat met je handpalm en rol het uit tot een rechthoek van 30 x 40 cm. Strooi de gemalen pistache en druk zachtjes met je handpalm in het deeg. Spreid de bramen uit en laat langs een lange zijde een rand van 2,5 cm over. Rol het deeg strak op en leg de naad naar beneden en zorg ervoor dat de randen zo goed mogelijk worden afgedicht. Snijd 12 gelijke stukken en leg ze op een met bakpapier beklede bakplaat. Dek de pan af met plasticfolie en laat ze 30 minuten rijzen.
e) Verwarm de oven voor op 350 ° F.
f) Bestrijk de broodjes met losgeklopt ei. Bak ze 40 minuten, of tot ze goudbruin zijn.
g) Laat ze na het bakken 5-10 minuten in de bakvorm afkoelen. Breng over naar een koelrek om volledig af te koelen.

10. Citroen Donuts Met Pistachenoten

INGREDIËNTEN:
VOOR DE DOUGHNUTS:
- Nonstick kookspray
- 1/2 kopje kristalsuiker
- Geraspte schil en sap van 1 citroen
- 1 1/2 kopjes bloem voor alle doeleinden
- 3/4 theelepel. bakpoeder
- 1/4 theelepel. natriumcarbonaat
- 1/4 theelepel. zout
- 1/3 kopje karnemelk
- 1/3 kopje volle melk
- 6 eetl. ongezouten boter, op kamertemperatuur
- 1 ei
- 2 theelepels. vanille-extract

VOOR HET GLAAS
- 1/2 kopje gewone Griekse yoghurt of andere volle melkyoghurt
- Geraspte schil van 1 citroen
- 1/4 theelepel. zout
- 1 kopje banketbakkerssuiker
- 1/2 kopje geroosterde pistachenoten, gehakt

INSTRUCTIES :
a) Om de donuts te maken, verwarm je een oven voor op 375°F.
b) Smeer de putten van een donutpan in met anti-aanbakspray.
c) Meng in een kleine kom de kristalsuiker en citroenschil. Wrijf met je vingertoppen de schil door de suiker. Klop in een andere kom de bloem, bakpoeder, baking soda en zout door elkaar. Roer in een maatbeker de karnemelk, volle melk en citroensap door elkaar.
d) Klop in de kom van een keukenmixer met de paddle-bevestiging het suikermengsel en de boter op gemiddelde snelheid tot ze licht en luchtig zijn, ongeveer 2 minuten. Schraap langs de zijkanten van de kom. Voeg het ei en de vanille toe en klop op gemiddelde snelheid tot ze gecombineerd zijn, ongeveer 1 minuut.

e) Voeg op lage snelheid het bloemmengsel in 3 toevoegingen toe, afgewisseld met het melkmengsel en begin en eindig met de bloem. Klop elke toevoeging totdat het net gemengd is.

f) Giet 2 eetlepels. beslag in elk voorbereid putje. Bak, draai de pan halverwege het bakken 180 graden, totdat een tandenstoker die in de donuts is gestoken er schoon uitkomt, ongeveer 10 minuten. Laat 5 minuten afkoelen in de vorm op een afkoelrek, keer de donuts dan om op het rek en laat volledig afkoelen. Was en droog ondertussen de pan en herhaal dit om het resterende beslag te bakken.

g) Roer voor het glazuur in een kom de yoghurt, citroenrasp en zout door elkaar. Voeg de banketbakkerssuiker toe en roer tot een glad en goed gemengd mengsel. Doop de donuts met de bovenkant naar beneden in het glazuur, bestrooi met de pistachenoten en serveer. Maakt: ongeveer zestien 3-inch donuts.

11. Oranje Bloem, Pistache En Dadel Havermout

Maakt: 2 porties

INGREDIËNTEN:
- 1 3/4 kop plantaardige melk
- 1 kopje ouderwetse gerolde haver
- 1 snufje zout

Toppings:
- 1/4 kopje agavenectar
- 1/2 theelepel oranjebloesemwater
- 1/4 kopje gehakte pistachenoten
- 1/4 kopje gehakte dadels
- 1 theelepel kaneel

INSTRUCTIES

a) Breng de plantaardige melk aan de kook, voeg de Old Fashioned Rolled Oats toe en kook ongeveer 5 minuten of tot de havermout de melk heeft opgenomen en de haver zacht is.

b) Roer er een snufje zout door.

c) Voeg het oranjebloesemwater toe aan de agavenectar en meng goed.

d) Verdeel de gekookte haver over 2 kommen en verdeel de pistachenoten en dadels ertussen.

e) Sprenkel het oranjebloesemwater en het agavemengsel erover.

f) Werk af met een snufje kaneel en geniet ervan!

12. [Pistaches Havermout](#)

Maakt: 4

INGREDIËNTEN:
- 2 kopjes ouderwetse haver
- 2 ¼ kopjes water
- 2 ¼ kopjes melk
- ½ theelepel zout
- ¼ theelepel nootmuskaat
- 1 eetlepel honing
- 1 eetlepel gedroogde veenbessen
- 1 eetlepel gedroogde kersen
- 1 eetlepel geroosterde pistachenoten

INSTRUCTIES:
a) Voeg alle ingrediënten toe aan de Instant Pot, behalve veenbessen, kersen en pistachenoten.
b) Sluit het deksel van het fornuis en druk op de functietoets "Handmatig".
c) Pas de tijd aan naar 6 minuten en kook onder hoge druk.
d) Laat na de pieptoon de druk op natuurlijke wijze ontsnappen en verwijder het deksel.
e) Roer de bereide havermout door elkaar en serveer in een kom.
f) Garneer met veenbessen, kersen en pistachenoten bovenop.

13. Gouden wafels met tropisch fruit

Voor: 4 wafels

INGREDIËNTEN:
DATUM BOTER
- 1 stok ongezouten boter, kamertemperatuur
- 1 kop grof gehakte ontpitte dadels

WAFELS
- 1 1/2 kopjes bloem voor alle doeleinden
- 1 kop grof gemalen griesmeel van griesmeel
- 1/4 kopje kristalsuiker
- 2 1/2 theelepel bakpoeder
- 1/2 theelepel zuiveringszout
- 3/4 theelepel grof zout
- 1 3/4 kop volle melk, kamertemperatuur
- 1/3 kopje zure room, kamertemperatuur
- 1 stok ongezouten boter, gesmolten
- 2 grote eieren, kamertemperatuur
- 1 theelepel puur vanille-extract
- Plantaardige olie kookspray
- Gesneden kiwi's en citrusvruchten, gehakte pistachenoten en pure ahornsiroop, om te serveren

INSTRUCTIES:
Dadelboter: Pulseer boter en dadels in een keukenmachine, schraap een paar keer langs de zijkanten tot ze glad en gecombineerd zijn. Dadelboter kan tot een week van tevoren worden gemaakt en in de koelkast worden bewaard; voor gebruik op kamertemperatuur brengen.

Wafels: Meng bloem, suiker, bakpoeder, bakpoeder en zout in een grote kom. Klop in een aparte kom melk, zure room, boter, eieren en vanille bij elkaar. Klop het melkmengsel door het bloemmengsel om te combineren.

Verwarm een wafelijzer voor. Smeer in met een dunne laag kookspray. Giet 1 1/4 kopjes beslag per wafel in het midden van het strijkijzer, zodat het zich bijna tot aan de randen kan verspreiden. Sluit het deksel en kook tot ze goudbruin en knapperig zijn, 6 tot 7 minuten. Haal van het strijkijzer en schud snel een paar keer tussen je handen om stoom vrij te maken en de knapperigheid te behouden, en breng het vervolgens over naar een rooster in een omrande bakplaat; houd warm in een oven van 225 graden tot klaar om te serveren. Herhaal het coaten van ijzer met meer kookspray tussen batches. Serveer met dadelboter, fruit, pistachenoten en siroop.

14. Pistache notenmelk

Maakt: 4 kopjes

INGREDIËNTEN:
- 1 kopje droge pistachenoten
- 4 kopjes gefilterd water

INSTRUCTIES
a) Week je pistachenoten zes uur of een nacht.
b) Voeg de geweekte pistachenoten toe aan een snelle processor/blender en mix op de hoogste stand.
c) Als de noten klaar zijn, voeg dan het water toe en mix nogmaals ongeveer 1-2 minuten.
d) Giet de vloeistof in een kom door lagen kaasdoek of een notenmelkzak en knijp alle pistachemelk eruit.
e) 3-5 dagen in de koelkast bewaard.

VOORGERECHTEN

15. Pistache Matcha Ballen

Voor: 14 energieballen

INGREDIËNTEN:
- ½ kopje gepelde pistachenoten
- ¾ kopje cashewnoten
- 12 dadels ontpit
- ¼ kopje geraspte kokosnoot, ongezoet
- 2 theelepels matchapoeder
- 1 eetlepel kokosolie

INSTRUCTIES:

a) Neem ¼ kopje pistachenoten en verwerk ze in een keukenmachine tot ze fijngemalen zijn. Doe in een aparte kom en zet opzij.

b) Voeg cashewnoten, resterende ¼ kopje pistachenoten, dadels, kokosnoot, matchapoeder en kokosolie toe. Meng goed tot het fijngehakt is en het mengsel plakkerig is.

c) Schep van het mengsel balletjes en rol ze met de handen.

d) Rol balletjes in gemalen pistachenoten en zet 15 minuten in de koelkast! Genieten!

16. Parmezaanse kaas en Ricotta Pizza

Maakt: 4 porties

INGREDIËNTEN:
- Recept voor pizzadeeg met honingtarwe
- ¼ kopje pistachenoten, gehakt
- 4 reepjes gerookt spek, in plakjes
- ½ kopje Parmezaanse kaas, geraspt
- 2 Eetlepels Extra Vierge Olijfolie
- ½ theelepel peper, versgemalen
- ½ kopje Rainbow-mix Micro Greens
- ¼ theelepel zeezout
- ½ kopje Ricotta-kaas

INSTRUCTIES:
a) Verwarm de oven voor op 500 graden Fahrenheit.
b) Meng in een mengkom de Ricotta, Parmezaanse kaas, Olijfolie, Zeezout en Peper. Grondig roeren.
c) Bedek het voorbereide pizzadeeg met de vulling.
d) Leg de helft van de pistachenoten erop en bedek met spek.
e) Bak gedurende 16 minuten, of tot het spek krokant is en het deeg goudbruin is.
f) Garneer met de resterende pistachenoten en microgreens.

17. Linzen, pistache en shiitake burger

Maakt: 4 porties

INGREDIËNTEN:
VOOR DE BURGER
- 3 sjalotjes, in blokjes
- 2 theelepels olijfolie
- ½ kopje zwarte linzen, afgespoeld
- 6 gedroogde shiitake-paddenstoeldoppen
- ½ kopje pistachenoten
- ¼ kopje verse peterselie, gehakt
- ¼ kopje vitale tarwegluten
- 1 eetlepel Ener-G, opgeklopt met ⅛ kopje water
- 2 theelepels gedroogde gewreven salie
- ½ theelepel zout
- ¼ theelepel gemalen peper

VOOR DE FRIETEN
- 3 aardappelen, geschild en in dunne plakjes gesneden
- plantaardige olie, om te frituren
- zout

INSTRUCTIES

a) Breng drie kopjes water aan de kook. Terwijl je wacht tot het water is opgewarmd, gooi je de in blokjes gesneden sjalotten in een aparte sauteerpan met de olie en fruit je ze op laag vuur.

b) Als het water begint te koken, voeg je de linzen en gedroogde shiitake-doppen toe en plaats je het deksel op de pan zodat er wat stoom kan ontsnappen tijdens het koken. Kook gedurende 18-20 minuten, giet ze dan in een fijnmazige zeef om uit te lekken en af te koelen. Eenmaal afgekoeld, verwijder de shiitake van de linzen en snijd ze in blokjes, gooi de harde stelen weg.

c) Doe de pistachenoten in een keukenmachine en maal ze grof. Tegen die tijd zouden je sjalotten mooi gekaramelliseerd moeten zijn. Voeg de sjalotten, linzen, in blokjes gesneden shiitake-hoedjes, pistachenoten en peterselie toe aan een kom en meng tot alles goed gecombineerd is. Voeg de vitale tarwegluten toe en roer.

d) Voeg nu het water/Energ-G-mengsel toe en roer ongeveer twee minuten met een sterke vork om de gluten te laten ontwikkelen. Voeg nu de salie en zout en peper toe en roer tot alles goed gemengd is. Je kunt het mengsel vervolgens een paar uur in de koelkast zetten of de burgers direct bakken.

e) Om de hamburgers te bakken, vormt u er pasteitjes van en drukt u het mengsel lichtjes samen terwijl u het vormt. Bak in een koekenpan met een beetje olijfolie gedurende 2-3 minuten aan elke kant, of tot het lichtbruin is.

f) Om de friet te maken, doe je enkele centimeters plantaardige olie in een pan. Verwarm op hoog vuur.

g) Bak in porties.

h) Bak tot ze knapperig zijn, ongeveer 4-5 minuten, en haal ze uit de olie met een hittebestendige tang.

i) Leg ze op keukenpapier om uit te lekken en bestrooi ze onmiddellijk met een beetje zout.

18. Baklava

INGREDIËNTEN:
- 3½ kopjes suiker
- 2½ kopje water
- 2 eetlepels honing
- 2 theelepels citroensap
- 1 kaneelstokje
- 3 hele teentjes
- ½ pond walnoten, fijngemalen
- ½ pond amandelen, fijngemalen
- ½ pond pistachenoten, fijngemalen
- 2 theelepels gemalen kaneel
- ½ theelepel kruidnagel
- 1½ pond filodeeg
- 1 pond/4 sticks ongezouten boter, gesmolten

INSTRUCTIES:
a) Combineer in een pan;
b) 3 kopjes suiker met het water, honing, citroensap, kaneelstokje en kruidnagel en laat het afkoelen.
c) Meng in een grote kom de noten, de resterende ½ kopje suiker, gemalen kaneel en gemalen kruidnagel. Opzij zetten.
d) Rol het filodeeg uit op een plat oppervlak en houd het bedekt met vetvrij papier of een vochtige handdoek.
e) Verwijder 8 vellen en leg ze in de koelkast.
f) Borstel met een deegborstel een bakblik van 15½x11 ½ x 3 met gesmolten boter,
g) Gebruik 8 vellen voor de bodem en besprenkel met het notenmengsel.
h) Leg nog 3 vellen op elkaar en besprenkel opnieuw met het mengsel. Ga door tot alle filodeeg is gebruikt.
i) Top met 8 vellen.
j) Verwarm de oven voor op 300 graden F.
k) Snijd met een lang en zeer scherp mes de baklava in kleine diamantjes.
l) Maak eerst 1 gelijkmatig verdeelde sneden in de lengte.

m) Snijd recht naar beneden in een lijn en snij diagonaal over de lengtesneden.
n) Verhit de resterende boter en giet deze over de bovenkant van de baklava,
o) 1¼ uur bakken.
p) Verwijder en lepel de afgekoelde siroop over het hele deeg in de pan.
q) Serveer in decoratieve kopjes.

19. Pistache karamels

Maakt: 48 stuks

INGREDIËNTEN:
- ½ kopje boter
- 2 kopjes donkerbruine suiker
- ½ kopje donkere glucosestroop
- 2 kopjes slagroom
- ¼ theelepel. zout
- 1 kopje gehakte pistachenoten, geroosterd
- 2 theelepels. vanille-extract

INSTRUCTIES

a) Bekleed een 8-inch vierkante pan met aluminiumfolie, spuit met anti-aanbakspray en zet opzij.

b) Smelt de boter in een middelgrote pan op laag vuur. Voeg donkerbruine suiker, donkere glucosestroop, 1 kopje slagroom en zout toe. Breng aan de kook, af en toe roerend, gedurende 12 tot 15 minuten of tot het mengsel 225°F bereikt op een suikerthermometer.

c) Voeg langzaam de resterende 1 kop zware room toe. Breng het mengsel aan de kook en kook nog 15 minuten of tot het 250°F bereikt.

d) Haal van het vuur en voeg pistachenoten en vanille-extract toe. Giet in de voorbereide pan.

e) Laat minstens 3 uur afkoelen voordat je het uit de folie haalt en in 48 stukken snijdt.

f) Snijd vetvrij papier in 48 vierkanten van 3 inch. Plaats elke karamel in het midden van een vierkant van vetvrij papier, rol het papier rond de karamel op en draai de uiteinden van het papier.

20. In chocolade gedoopte nougatine

Maakt: 12 stuks

INGREDIËNTEN:
- ¾ kopje kristalsuiker
- ⅓ kopje lichte glucosestroop
- ¼ kopje gehakte pistachenoten
- ¾ kopje gesneden amandelen
- 2 eetlepels boter
- 1 kopje pure chocoladeschilfers

INSTRUCTIES
a) Bekleed een bakplaat met bakpapier en zet opzij. Roer in een middelgrote pan op middelhoog vuur suiker en lichte glucosestroop gedurende 5 tot 7 minuten totdat het mengsel is gesmolten en begint te karamelliseren.

b) Meng pistachenoten, amandelen en boter erdoor en roer 2 tot 3 minuten om de amandelen licht te roosteren.

c) Breng het nougatinemengsel over op de voorbereide bakplaat en bedek met een extra vel bakpapier. Verdeel gelijkmatig met een deegroller tot ongeveer ½ inch dik. Snijd in 12 stukken.

d) Verhit pure chocoladeschilfers in een dubbele ketel op middelhoog vuur gedurende 5 tot 7 minuten of tot ze gesmolten zijn.

e) Doop stukjes nougatine in gesmolten chocolade, bedek slechts de helft van nougatine en keer terug naar de met bakpapier beklede bakplaat. Laat de chocolade minimaal 1 uur opstijven.

f) Opslag: In een luchtdichte verpakking maximaal 1 week bewaren.

21. Crunch van pistache

Maakt: 2 kopjes

INGREDIËNTEN:
- 75 g pistachenoten, rauw, ongezouten [½ kopje]
- 155 g pistachepasta [½ kopje]
- 60 g feuilletine [¾ kopje]
- 40 g banketbakkerssuiker [¼ kopje]
- 4 g koosjer zout [1 theelepel]

INSTRUCTIES

a) Verwarm de oven tot 325 ° F.

b) Leg de pistachenoten op een bakplaat en rooster ze 15 minuten in de oven. Koel af tot kamertemperatuur.

c) Doe de geroosterde pistachenoten in een schone theedoek en sla ze met een sauteerpan of een deegroller in kleinere stukjes, idealiter halveer je de pistachenoten, of breek ze tot niet kleiner dan een achtste van hun oorspronkelijke grootte.

d) Combineer de gebroken pistachenoten met de pistachepasta, feuilletine, banketbakkerssuiker en zout in de kom van een keukenmixer uitgerust met de peddelbevestiging en peddel op middelhoge snelheid gedurende ongeveer 1 minuut, tot homogeen. De crunch kan 5 dagen in een luchtdichte verpakking op kamertemperatuur worden bewaard of maximaal 2 weken in de koelkast.

22. Pistache suikerkoekjes

Maakt: 1 portie

INGREDIËNTEN:
- ½ kopje boter
- 1 kopje Suiker
- 1 groot ei
- 1 theelepel vanille
- 1¼ kopje gezeefde bloem
- 1 theelepel bakpoeder
- ¼ theelepel Zout
- ⅓ kopje Fijngehakte pistachenoten

INSTRUCTIES

a) Klop boter en suiker in een grote kom tot ze zacht en luchtig zijn; klop ei en vanille erdoor. Combineer bloem, bakpoeder en zout; voeg toe aan het geroomde mengsel en meng goed. Koel het deeg grondig.

b) Verwarm de oven voor op 375 °. Rol het deeg uit tot een halve centimeter dik op een licht met bloem bestoven bord. Snijd met koekjesmessen en schik op niet-ingevette bakplaten. Strooi er gehakte pistachenoten over; licht aandrukken.

c) Bak ongeveer 5 minuten op 375ø of tot de randen bruin beginnen te worden.

d) Verwijderen naar roosters om af te koelen.

23. Pistache & witte chocoladekoekjes

Maakt: 36 porties

INGREDIËNTEN:
- 1¼ kopje Stevig verpakt lichtbruin
- Suiker
- ¾ kopje crisco met botersmaak
- 2 eetlepels Melk
- 1 theelepel vanille
- 1 ei
- 1¾ kopjes bloem
- 1 theelepel Zout
- ¾ theelepel zuiveringszout
- 1 kop Witte chocoladestukjes
- 1 kopje pistachenoten, geroosterd, gevild en gehakt

INSTRUCTIES

a) Verwarm de oven voor op 375F. Leg vellen folie op het koeloppervlak.

b) Klop de bruine suiker, crisco, melk en vanille tot ze goed gemengd zijn en klop dan het ei erdoor.

c) Combineer bloem, frisdrank en zout en voeg dan toe aan het afgeroomde mengsel tot het gemengd is. Roer voorzichtig de witte chocolade en noten erdoor.

d) Laat theelepels met een tussenruimte van 3 "op niet-ingevette bakplaten vallen. Bak, vel voor vel, ongeveer 8-10 minuten voor taaie of 11-13 minuten voor knapperige koekjes.

e) Laat 2 minuten afkoelen op een vel, verwijder het tot folie.

24. Pistache wafels

Maakt: 1 portie

INGREDIËNTEN:
- 3 elk eiwit
- snufje zout
- ⅓ kopje Castor suiker
- 1 kopje gewone bloem
- 150 gram Pistachenoten, gepeld
- 1 theelepel oranjebloesem- of rozenwater

INSTRUCTIES

a) Klop de eiwitten met zout tot stijve pieken.

b) Voeg geleidelijk suiker toe en klop tot het glanzend is.

c) Spatel de bloem, pistachenoten en rozenwater erdoor.

d) Vet en bloem een broodvorm in en schep het mengsel erin.

e) Bak gedurende 35 tot 40 minuten in een voorverwarmde oven van 180°C.

f) Draai uit, laat afkoelen en wikkel in folie. Zet een nacht in de koelkast. Snijd fijn en leg de plakjes op de bakplaat.

g) Laat drogen in een koele oven. Wafels moeten krokant zijn. Bewaar in een luchtdichte container.

25. Pistache Muffins

Voor: 12 muffins

INGREDIËNTEN:
- 2 kopjes bloem voor alle doeleinden, uitgelepeld en geëgaliseerd
- 1 doos instant pistachepudding van 3,4 oz, droog
- 2 theelepels bakpoeder
- ¾ theelepel zout
- ½ kopje neutraal smakende olie
- 8 ons karnemelk
- ¾ kopje kristalsuiker
- 2 eieren
- 1 theelepel vanille-extract
- ½ theelepel amandelextract
- ½ kopje ongezouten pistachenoten, gehakt

INSTRUCTIES
a) Verwarm de oven voor op 350 ° F. Bekleed een gewone muffinvorm voor 12 kopjes met muffinvormpjes. Sproei het blik en de papieren licht in met kookspray. Dit helpt de muffinpapiertjes netjes los te laten.
b) Meng bloem, droge instantpuddingmix, bakpoeder en zout in een mengkom. Zet even opzij.
c) Voeg in een aparte kom olie, karnemelk, suiker, eieren, vanille-extract en amandelextract toe. Klop met een hand- of keukenmixer 1-2 minuten tot het licht en romig is.
d) Giet de droge ingrediënten erbij en mix tot ze net gecombineerd zijn. Vouw de gehakte pistachenoten erdoor en zorg ervoor dat u het beslag niet te lang mengt.
e) Breng het beslag gelijkmatig over in de voorbereide muffinvorm. Ik gebruik graag een koekjeslepel om druppels en rommel te verminderen.
f) Bak gedurende 18-20 minuten, of tot een dunne tester die in het hoogste deel van een muffin wordt gestoken er schoon uitkomt.

g) Als u muffinpapier gebruikt, haalt u de muffins onmiddellijk uit de vorm en laat u ze volledig afkoelen op een rooster. Dit helpt voorkomen dat condens de papieren opzuigt. Als je geen muffinpapier gebruikt, kun je de muffins 5-10 minuten in de vorm laten staan, voordat je de randen voorzichtig losmaakt en ze op een rooster legt om volledig af te koelen.

h) Bewaar muffins pas in een luchtdichte verpakking nadat ze volledig zijn afgekoeld. Door lichtjes met een stuk keukenpapier langs de bovenkant van de muffins in hun bewaarbakje te drukken, wordt het overtollige vocht dat zich na een paar dagen vormt, geabsorbeerd.

26. Zwarte Olijven En Pesto Pizza

Maakt: 4 PORTIES

KORST
1 recept Boekweitpizzakorst, Tomatenpizzakorst, Oreganopizzakorst of Instantpizzakorst

TOPPINGEN
1 recept Avocado-Pistache Pesto
1 tomaat, in plakjes gesneden en ontpit
3 eetlepels dun gesneden rode ui
½ kopje in blokjes gesneden en gezaaide groene paprika
¼ kopje ontpitte, gehakte zwarte olijven
1 recept Rawmesan Cheese of Cheezy Sprinkle
Olijfolie of met kruiden doordrenkte olijfolie

Om je pizza samen te stellen, smeer je de pesto op de pizzabodem. Top met de plakjes tomaat en ui en bestrooi met de paprika, olijven en Rawmesan Cheese.

Sprenkel vlak voor het opdienen een paar eetlepels olijfolie over je pizza, om dat gebakken pizza-vettige mondgevoel te creëren wanneer je erin bijt.

In de koelkast enkele dagen houdbaar.

27. Peren Bladerdeeg Pinwheels

Maakt: 25 pinwheels

INGREDIËNTEN:
- 1 vel bladerdeegdeeg ontdooid
- ⅔ kopje peer in zeer kleine blokjes gesneden
- ¼ kopje Asiago-kaas Ik gebruik Peppered Asiago Cheese, versnipperd
- ⅛ kopjes fijngehakte pistachenoten
- ⅛ kopje gedroogde veenbessen fijngehakt
- ½ theelepel rozemarijn optioneel
- 1 ei, losgeklopt
- ½ theelepel zeezout

INSTRUCTIES:
a) Vouw het ontdooide bladerdeeg op een met bloem bestoven oppervlak open en rol het uit tot een groter vierkant, voornamelijk om het bladerdeeg dunner te maken.
b) Bereid de vullingen op een grote snijplank. Snijd de peer doormidden en verwijder het klokhuis. Snijd de peer in dunne plakjes en snijd de plakjes daarna in reepjes en daarna in blokjes.
c) Rasp de kaas met een rasp, of je kunt voorgeraspte kaas gebruiken.
d) Klop in een kleine kom het ei los. Bedek het deeg met alle vulling Laat een lange zijde van het deeg zonder vulling en bestrijk met het losgeklopte ei.
e) Begin het deeg over de ingrediënten te rollen tot een strakke rol en sluit de rand af met het losgeklopte ei.
f) Verwarm de oven tot 400 ° F terwijl het deeg koud is.
g) Wikkel de blokken in plastic en leg ze een uur in de koelkast. Of op dit moment kunt u deze broodjes enkele maanden invriezen.
h) Nadat het deeg is afgekoeld, snijdt u het in plakjes. Ik sneed de mijne in plakjes van ½ ". Leg ze op een bakplaat bekleed met een siliconen bakmat. Bestrijk de bovenkant met de eierwas en bestrooi met zout.
i) Bak de gebakjes in 17-20 minuten licht goudbruin.

j) Deze gebakjes zijn het lekkerst als ze warm zijn.
k) Bewaar eventueel overgebleven gebak in een luchtdichte verpakking.

HOOFDGERECHT

28. Curry Rijst Pistache Pilaf

Merken:s: 4

INGREDIËNTEN:
- 1 kopje langkorrelige witte rijst
- 1 kopje bevroren erwten
- 1 middelgrote ui
- ¼ kopje geroosterde ongezouten pistachenoten
- 3 teentjes knoflook
- 2 eetlepels kokosolie _
- 1½ theelepel kerriepoeder
- ½ bos koriander harde stelen verwijderd
- limoen
- Kosjer zout
- Vers gemalen zwarte peper

INSTRUCTIES
a) Pel en hak 1 ui en 4 teentjes knoflook fijn.
b) Verhit kokosolie in een Nederlandse oven op middelhoog vuur . Fruit ui en knoflook tot ze glazig en geurig zijn. Kruid met peper en zout.
c) Voeg rijst toe en roer tot alles gelijkmatig is gecombineerd en de korrels volledig bedekt zijn. Bak gedurende 3-5 minuten of tot de korrels doorschijnend worden.
d) Roer de kerriepoeder erdoor en bak 1 minuut tot het geroosterd is.
e) Voeg water toe en roer, zorg ervoor dat je de bodem van de pan schraapt voor de krokante stukjes. Breng aan de kook en laat sudderen.
f) Laat de rijst stomen tot het water is opgenomen en de korrels zacht zijn, 12-15 minuten. Haal de pan van het vuur, dek af en roer er 1 kopje bevroren erwten door. Doe de deksel erop en laat de rijst nog ongeveer 5 minuten zachtjes stomen
g) Terwijl de pilaf rust, hak je ½ bosje koriander en ¼ kopje pistachenoten grof. Snijd 1 limoen in partjes.

h) Verwijder het deksel en de handdoek en maak de rijst los met een vork. Breng op smaak met meer zout en peper en roer de pistachenoten en koriander erdoor.
i) Doe over in een serveerschaal. Serveer met partjes limoen.

29. Tofu Met Pistache-Granaatappelsaus

Maakt: 4 porties

INGREDIËNTEN:
- 1 pond extra stevige tofu, uitgelekt, in plakjes van ¼ inch gesneden en geperst
- Zout en versgemalen zwarte peper
- 2 eetlepels olijfolie
- 1/2 kopje granaatappelsap
- 1 eetlepel balsamicoazijn
- 1 eetlepel lichtbruine suiker
- 2 groene uien, gehakt
- 1/2 kopje ongezouten gepelde pistachenoten, grof gehakt
- Breng de tofu op smaak met zout en peper.

INSTRUCTIES

a) Verhit de olie in een grote koekenpan op middelhoog vuur. Voeg de plakjes tofu toe, indien nodig in porties, en kook tot ze lichtbruin zijn, ongeveer 4 minuten per kant. Haal uit de pan en zet opzij.

b) Voeg in dezelfde koekenpan het granaatappelsap, azijn, suiker en groene uien toe en laat 5 minuten op middelhoog vuur sudderen. Voeg de helft van de pistachenoten toe en kook tot de saus iets dikker is, ongeveer 5 minuten.

c) Doe de gefrituurde tofu terug in de koekenpan en kook tot hij heet is, ongeveer 5 minuten, terwijl je de saus over de tofu schept terwijl deze suddert. Serveer onmiddellijk, bestrooid met de resterende pistachenoten.

30. Boterbloempompoen Gevuld Met Pistache-Abrikozenrijst

Maakt: 4 porties

INGREDIËNTEN:
- 1 grote boterbloempompoen, kruiselings gehalveerd en gezaaid
- 2 eetlepels olijfolie
- 1 grote gele ui, gesnipperd
- 1 kop bruine basmatirijst
- Zout
- 2 kopjes water
- 1/2 kop gedroogde abrikozen, fijngehakt
- 1/2 kop gehakte ongezouten gepelde pistachenoten
- 3 eetlepels gehakte verse koriander
- 1 theelepel gemalen koriander
- Vers gemalen zwarte peper

INSTRUCTIES

a) Verwarm de oven voor op 375°F. Vet een 9 x 13-inch bakvorm licht in en zet opzij. Leg de pompoenhelften met de snijkant naar beneden in de voorbereide bakvorm. Voeg $1/4$ inch water toe, dek goed af en bak tot het bijna gaar is, ongeveer 30 minuten.

b) Verhit de olie in een grote pan op middelhoog vuur. Voeg de ui toe, dek af en kook tot ze zacht zijn, ongeveer 5 minuten. Voeg de rijst, zout naar smaak en water toe en breng aan de kook. Dek af, zet het vuur laag en laat sudderen tot de rijst gaar is, ongeveer 30 minuten. Haal van het vuur en zet opzij.

c) Haal de pompoenhelften uit de oven en draai ze voorzichtig om, met de snijkant naar boven.

d) Maak de rijst los met een vork en voeg de abrikozen, pistachenoten, koriander en koriander toe. Breng op smaak met peper en zout. Verdeel de vulling over de pompoenhelften en pak stevig in. Dek af met folie en bak tot het warm is, 20 tot 30 minuten. Serveer onmiddellijk.

31. Pistache gebakken vis

Maakt: 5 Porties

INGREDIËNTEN:
- 1 pond verse of bevroren visfilets
- ½ kopje droge broodkruimels
- ½ kopje Gehakte gepelde pistachenoten
- 2 eetlepels geraspte Parmezaanse kaas
- 1 eetlepel Gehakte peterselie
- 1 theelepel droge mosterd
- Zout en peper naar smaak
- ¼ kopje melk
- 2 eetlepels Boter of margarine, gesmolten

INSTRUCTIES

a) Snijd de vis in porties ter grootte van een portie.

b) Combineer broodkruimels, ¼ kopje pistachenoten, kaas, peterselie, mosterd, zout en peper in een ondiepe schaal.

c) Doop vis in melk en rol in kruimelmengsel; plaats in een ondiepe ingevette ovenschaal.

d) Besprenkel met boter; bestrooi met de resterende pistachenoten.

32. Terrine van pistache en kip

Maakt: 1 portie

INGREDIËNTEN:
- ⅓ pond aspergesperen
- 2¼ pond kip zonder botten zonder vel
- 2 eieren
- 2 kopjes slagroom
- 1 theelepel Zout
- ½ theelepel Peper
- 1 kop Gepelde ongezouten pistachenoten
- Noten

INSTRUCTIES

a) Verwarm de oven voor op 325. Blancheer asperges. Giet af en droog. Verwerk de kip tot een zeer gladde massa.

b) Voeg eieren, room, zout en peper toe. meng goed. Roer de noten er met de hand door. Lijn 9 "X5" pan met folie.

c) Laat een beetje folie over de randen. Boter. Giet ½ kippenmengsel. Leg de groenten erop.

d) Giet het resterende kippenmengsel erbij. Leg beboterd vetvrij papier erop.

e) Plaats in een grote pan met 1½ "water. Bak 40 minuten.

f) Verwijderen. Weeg licht 2 uur. Koel. Ontvormen en serveren.

33. Met pistache ingelegde zalm met beurre blanc

Maakt: 1 portie

INGREDIËNTEN:
- 6 zalmfilets
- 1 kop pistachenoten; geschild en fijngemalen
- ½ kopje witte wijn
- Citroensap van 1 1/2 citroenen
- citroenschil; proeven
- ¼ pond koude boter; in blokjes gesneden
- Bieslook

INSTRUCTIES :
a) Klop zalm in gemalen pistachenoten en schroei beide kanten in hete koekenpan tot de noten goudbruin zijn.
b) Eindig in een 400 oven tot het gaar is.
VOOR DE BEURRE BLANC
c) Laat wijn, citroensap en sjalotjes in een koekenpan inkoken.
d) Klop de citroenschil en koude boter erdoor.
e) Voeg vlak voor het serveren bieslook toe.
f) Giet over de zalm en dien onmiddellijk op.
g) Garneer met citroenschil en bieslook.
h) Serveer met basmatirijst en verse groenten.

34. Gnocchetti met garnalen & pesto

Maakt: 4–6

INGREDIËNTEN:
- Griesmeel Deeg

PISTACHE PESTO
- 1 kopje pistachenoten
- 1 bosje munt
- 1 teentje knoflook
- ½ kopje geraspte Pecorino Romano
- ½ kopje olijfolie
- Kosjer zout
- Vers gemalen zwarte peper
- 8 oz tuinbonen
- Olijfolie
- 3 teentjes knoflook, gehakt
- 2 pond grote garnalen, schoongemaakt
- Gemalen rode peper, naar smaak
- Kosjer zout
- Vers gemalen zwarte peper
- ¼ kopje witte wijn
- 1 citroen, geraspt

INSTRUCTIES
a) Bestuif twee bakplaten met griesmeel.

b) Snijd voor de gnocchetti een klein stukje deeg af en dek de rest van het deeg af met plastic folie. Rol het stuk deeg met je handen tot een touw van ongeveer ½ inch dik. Snijd stukjes deeg van ½ inch van het touw. Duw met je duim het stuk deeg voorzichtig op een gnocchi-bord en rol het van je lichaam af zodat het een lichte inkeping krijgt. Leg de gnocchetti op de met griesmeel bestrooide bakplaten en laat ze onafgedekt staan tot ze klaar zijn om te koken.

c) Om de pistachepesto te maken, voeg je in een keukenmachine de pistachenoten, munt, knoflook, Pecorino Romano, olijfolie, zout en versgemalen zwarte peper toe en verwerk tot puree.

d) Zet een kom ijswater klaar. Haal de tuinbonen uit de peul. Blancheer de tuinbonen door ze in ongeveer 1 minuut gaar te koken in kokend water. Haal uit het water en plaats in het ijsbad. Als het voldoende is afgekoeld, haal je het uit het water en zet je het opzij in een kom. Verwijder de wasachtige buitenste laag van de boon en gooi deze weg.

e) Breng een grote pan gezouten water aan de kook. Voeg ondertussen in een grote sauteerpan op hoog vuur een scheutje olijfolie, knoflook, garnalen, geplette rode peper, zout en versgemalen zwarte peper toe. Terwijl de garnalen koken, laat je de pasta in het kokende water vallen en kook je hem al dente, ongeveer 3 tot 4 minuten. Voeg de pasta toe aan de sauteerpan met witte wijn en laat koken tot de wijn met de helft is ingekookt, ongeveer een minuut.

f) Verdeel de pasta over kommen om te serveren. Garneer met citroenrasp en pistachepesto.

35. Lamskoteletjes met pistachekorst

Maakt: 4

INGREDIËNTEN:
- 1 eetl. olijfolie
- 1 theelepel. fijn zeezout
- Vers gemalen zwarte peper
- ½ theelepel. gemalen komijn
- ¼ kopje verse geraspte Parmezaanse kaas
- ¼ kopje peterselieblaadjes
- ¼ theelepel. knoflook poeder
- ½ kopje rauwe gepelde pistachenoten
- 2 grote eiwitten, licht opgeklopt
- 1 lamsrack, Frans getrimd en in 8 individuele karbonades gesneden

INSTRUCTIES :

a) Verwarm de oven voor op 400 graden. Bekleed een grote bakplaat met een rooster.

b) Doe de komijn, parmezaanse kaas, peterselie en knoflookpoeder in de kom van een keukenmachine en pulseer ongeveer 30 seconden tot alles goed gemengd is. Voeg de pistachenoten toe en pulseer tot de pistachenoten fijngehakt zijn. Proef en pas indien nodig de kruiden aan.

c) Klop in een middelgrote kom de eiwitten lichtjes op.

d) Dep elke lamskotelet droog en kruid met peper en zout. Doop elke lamskotelet in het eimengsel, schud overtollig ei eraf en dompel de karbonade vervolgens in het pistachekruimelmengsel en zorg ervoor dat alle kanten volledig bedekt zijn. Verhit 1 eetlepel olijfolie op middelhoog vuur in een grote gietijzeren koekenpan.

e) Schroei elke lamskotelet ongeveer 3 minuten aan elke kant of tot ze goudbruin zijn.

f) Leg de lamskoteletten op de voorbereide bakplaat en braad ze 3-5 minuten in de oven.

g) Serveer onmiddellijk.

36. Krokante Pistache Kip Met Courgette Lint Salade

Maakt: 4

INGREDIËNTEN:
PISTACHE KIP
- 1 pond kippenborsten zonder botten, zonder vel
- 1 kopje gehakte pistachenoten
- ¾ kopje gekruid paneermeel
- ⅔ kopje vers geraspte Parmezaanse kaas
- 1 theelepel knoflookpoeder
- Kosjer zout en peper
- 2 grote eieren, licht losgeklopt

COURGETTE LINT SALADE
- 2 middelgrote courgettes
- 1 citroen, vers geperst
- 1 teentje knoflook, fijngehakt
- 2 eetlepels fijngeraspte Parmezaanse kaas
- ¼ kopje extra vergine olijfolie
- geschaafde Parmezaanse kaas, als topping

INSTRUCTIES
a) Verwarm de oven voor op 425 graden Bekleed een bakplaat met aluminiumfolie en leg er een rooster op. Spuit het rek in met anti-aanbakspray en zet opzij.
b) Klop de kip met een vleesvermalser tot hij ongeveer ¼ tot ½ inch dik is. Kruid de kip aan beide kanten goed met zout en peper.
c) Klop de eieren lichtjes in een kleine kom. Meng in een grote kom de pistachenoten, paneermeel, knoflookpoeder en Parmezaanse kaas. Doop elk stuk kip in het losgeklopte ei en bagger het dan door de paneermeel, licht aandrukkend om te hechten.
d) Leg de stukken kip op het rooster. Spray elk met een nevel van olijfolie/druivenpitolie/kokosolie.
e) Bak de kip 10 tot 12 minuten, haal hem uit de oven, draai elk stuk voorzichtig om en besproei met spray, en bak nog 10 tot 12 minuten.

f) Laat de kip 5 tot 10 minuten rusten voordat je hem aansnijdt.

g) Terwijl de kip bakt, maak je de courgette lintsalade! Gebruik een dunschiller om linten van een courgette in de lengte door te snijden. Doe ze in een kom.

h) Meng het citroensap, de knoflook, de Parmezaanse kaas en de olijfolie met een flinke snuf zout en peper. Sprenkel het over de courgettelinten en meng. Werk af met geschaafde Parmezaanse kaas. Serveer met de krokante pistachekip!

37. Heilbot met pistachekorst

Maakt: 4 porties

INGREDIËNTEN:
- 2 eetlepels. Dijon mosterd
- 1 theelepel. fijn geraspte citroenschil
- 1 scheutje zeezout
- Grond zwarte peper
- 4 rauwe heilbotfilets
- ¼ kopje rauwe, ongezouten pistachenoten, fijngehakt
- 1 eetl. maïsmeel
- 1 eetl. fijngehakte peterselie

INSTRUCTIES

a) Verwarm de oven voor op 400°F.

b) Combineer mosterd, citroenschil, zout en peper in een kleine kom; Meng goed.

c) Verdeel het mosterdmengsel gelijkmatig over de bovenkant van elke heilbotfilet. Opzij zetten.

d) Combineer pistachenoten, maïsmeel en peterselie in een middelgrote kom; Meng goed.

e) Druk het pistachemengsel gelijkmatig in de bovenkant van elke heilbotfilet.

f) Leg de heilbot in de ovenschaal, met de pistachekant naar boven. Bak 8 tot 10 minuten, of tot heilbot gemakkelijk uit elkaar valt als je het met een vork test.

38. Gebraden Ossenhaas Gevuld met Mortadella & Pistachenoten

Maakt: 6-8

INGREDIËNTEN:
- 2¼ pond stuk bijgesneden grasgevoerde ossenhaas, van een gelijkmatige dikte, op kamertemperatuur
- 3½ ounce dun gesneden mortadella, of ham van het bot, fijngehakt
- 3 teentjes knoflook, gepeld en geplet
- ¼ tl versgeraspte nootmuskaat
- 2 eetlepels pankokruimels of verse witte paneermeel
- 1 tl schilferig zeezout, plus extra om te bestrooien
- ½ tl versgemalen zwarte peper
- 1 klein scharreleitje, licht losgeklopt
- 1 kopje, losjes verpakt, basilicumblaadjes
- 20 geroosterde pistachenoten, gepeld
- 2 el olijfolie
- 3 eetlepels volle rode wijn

INSTRUCTIES :
a) Verwarm de oven voor op 410 ° F en plaats een plank in het midden van de oven. Spoel de filet af en dep droog.
b) Verwijder eventueel vet en zilvervlies. Maak een kleine snee in het midden van het vlees met een scherp mes en gebruik dan de afgeronde steel van een houten lepel om door het vlees te duwen om een kleine tunnel te vormen.
c) Meng de mortadella, knoflook, nootmuskaat, kruimels, zout en peper samen in een kleine kom. Voeg voldoende ei toe om te binden.
d) Vul de holte in de filet, gebruik de houten lepel om het naar binnen te duwen, rijg de basilicum er gaandeweg in en voeg de pistachenoten toe.
e) Bind de filet in een goede vorm met touw. Als het vochtig is geworden, dep het dan weer droog met keukenpapier om spugen te voorkomen als het eenmaal in de olie zit. Verhit de olie in een ondiepe maar stevige braadslede op middelhoog vuur. Als de olie

lekker heet is, laat je de filet zakken en draai je hem snel om in de hete olie, laat hem dan aan één kant 2 minuten bruin worden. Niet meer!

f) Draai de filet opnieuw om met een tang en breng onmiddellijk over naar een hete oven. Bak het vlees 6 minuten, haal het uit de oven, keer het om en zet het terug in de oven.

g) Voor rare tot medium-rare vlees, kook nog eens 5-6 minuten, of totdat de interne temperatuur van het dikste deel van het vlees 110°F bereikt, of totdat het gaar is naar jouw smaak.

h) Haal het vlees uit de oven, lepel het eventuele vocht erover en bestrooi het royaal aan alle kanten met zout. Laat het rundvlees 12-15 minuten rusten voordat u het aansnijdt.

i) Verwijder het touwtje van het vlees en snijd het gelijkmatig door. Laat het vlees een minuut of twee rusten voordat u het op een verwarmde serveerschaal legt. Pannensappen afschuimen, wijn erbij schenken en kort laten borrelen. Lepel sappen over vlees en serveer onmiddellijk.

39. Gebraden kip met pistachepesto

Maakt: 4-6

INGREDIËNTEN:
- 25 g gepelde pistachenoten
- 1 grote bos verse basilicum, blaadjes en steeltjes grof gehakt
- 4 takjes verse munt, blaadjes grof gehakt
- Geraspte schil en sap van ½ citroen, plus ½ citroen
- 125 ml extra vierge olijfolie
- 2 kg hele scharrelkip
- 125 ml droge witte wijn
- 200 g zuurdesembrood, in stukken gescheurd
- 200 g gemengde radijzen, gehalveerd of in vieren gesneden als ze groot zijn
- 250 gram asperges
- Grote handvol erwtenscheuten
- Handig maar niet essentieel

INSTRUCTIES :
a) Verwarm de oven voor op 200°C/180°C hetelucht/gasstand 6. Maal de pistachenoten, basilicum, munt en citroenschil en -sap in een minihakmolen of kleine keukenmachine tot een grove pasta. Besprenkel met 100 ml olie, breng op smaak en meng tot een geheel. Doe de helft van de pesto in een kleine serveerschaal en zet opzij.
b) Leg de kip in een grote ondiepe braadslede. Werk vanuit de nekholte en gebruik je vingers om een zak tussen de huid en het vlees te maken
c) van de borsten. Duw de pesto onder de huid van de kip en wrijf overtollige pesto over de huid. Knijp de resterende ½ citroen uit over de kip en plaats deze in de holte. Rooster 20 minuten en verlaag dan de oven naar 190°C/170°C hetelucht/gas 5.
d) Voeg de wijn en 125 ml water toe aan de vorm en braad nog 40-50 minuten tot de kip gaar is.
e) Leg de kip op een bord, dek losjes af met folie en zet apart om te rusten. Giet de braadsappen uit de vorm in een kan. Doe het

brood, de radijsjes en de asperges in de braadslee, schep wat van het vet van de bovenkant van de sappen en meng het met het brood en de groenten.

f) Breng op smaak en braad 12-15 minuten tot de groenten zacht zijn en het brood krokant. Verwijder eventueel vet uit de resterende sappen en verwarm in een pan voor een jus.

g) Meng de resterende pesto en 25 ml olijfolie en sprenkel over de kip en groenten. Serveer met de erwtenscheuten en jus ernaast.

40. Saffraanrijst met Barberries, Pistache & Gemengde Kruiden

Maakt: 6

2½ el / 40 g ongezouten boter

2 kopjes / 360 g basmatirijst, afgespoeld onder koud water en goed uitgelekt

2⅓ kopjes / 560 ml kokend water

1 tl saffraandraadjes, 30 minuten geweekt in 3 el kokend water

¼ kopje / 40 g gedroogde berberis, enkele minuten geweekt in kokend water met een snufje suiker

30 g dille, grof gehakt

⅔ oz / 20 g kervel, grof gehakt

⅓ oz / 10 g dragon, grof gehakt

½ kopje / 60 g geschaafde of geplette ongezouten pistachenoten, licht geroosterd

zout en versgemalen witte peper

Smelt de boter in een middelgrote pan en roer de rijst erdoor, zorg ervoor dat de korrels goed bedekt zijn met boter. Voeg het kokende water, 1 theelepel zout en wat witte peper toe. Meng goed, dek af met een goed sluitend deksel en laat 15 minuten op zeer laag vuur koken. Kom niet in de verleiding om de pan bloot te leggen; je moet de rijst goed laten stomen.

Haal de rijstpan van het vuur - al het water zal door de rijst zijn opgenomen - en giet het saffraanwater over een kant van de rijst, bedek ongeveer een kwart van het oppervlak en laat het grootste deel wit. Dek de pan direct af met een theedoek en sluit deze goed af met de deksel. Zet 5 tot 10 minuten apart.

Gebruik een grote lepel om het witte deel van de rijst in een grote mengkom te verwijderen en los te maken met een vork. Giet de berberissen af en roer ze erdoor, gevolgd door de kruiden en de meeste pistachenoten, laat er een paar achter voor de garnering. Goed mengen. Maak de saffraanrijst los met een vork en spatel deze voorzichtig door de witte rijst. Meng niet te veel - je wilt niet dat de witte korrels worden gekleurd door het geel. Proef en pas de smaak aan. Doe de rijst in een ondiepe serveerschaal en strooi de overgebleven pistachenoten erover. Serveer warm of op kamertemperatuur.

41. Gestoofde Eieren met Lam, Tahini & Sumac

Maakt: 4

1 el olijfolie
1 grote ui, fijngehakt (1¼ kopjes / 200 g in totaal)
6 teentjes knoflook, in dunne plakjes gesneden
10 oz / 300 g lamsgehakt
2 tl sumak, plus extra om af te maken
1 tl gemalen komijn
½ kopje / 50 g geroosterde ongezouten pistachenoten, geplet
7 eetlepels / 50 g geroosterde pijnboompitten
2 tl harissapasta (in de winkel gekocht of zie recept)
1 el fijngehakte gekonfijte citroenschil (in de winkel gekocht of zie recept)
1⅓ kopjes / 200 g kerstomaatjes
½ kopje / 120 ml kippenbouillon
4 grote scharreleieren
¼ kopje / 5 g geplukte korianderblaadjes, of 1 el Zhoug
zout en versgemalen zwarte peper

YOGHURTSAUUS

½ kopje / 100 g Griekse yoghurt
1½ el / 25 g tahinpasta
2 el vers geperst citroensap
1 el water

Verhit de olijfolie op middelhoog vuur in een middelgrote koekenpan met dikke bodem en een goed sluitende deksel. Voeg de ui en knoflook toe en fruit 6 minuten om ze zacht te maken en een beetje te kleuren. Zet het vuur hoog, voeg het lamsvlees toe en bak het goed bruin in 5 tot 6 minuten. Breng op smaak met de sumak, komijn, ¾ theelepel zout en wat zwarte peper en bak nog een minuut. Zet het vuur uit, roer de noten, harissa en gekonfijte citroen erdoor en zet opzij.

Terwijl de ui kookt, verwarm je een aparte kleine gietijzeren of andere zware pan op hoog vuur. Als ze gloeiend heet zijn, voeg je de kerstomaatjes toe en bak je ze 4 tot 6 minuten, waarbij je ze af en toe in de pan gooit, tot ze een beetje zwart zijn aan de buitenkant. Opzij zetten.

Maak de yoghurtsaus door alle ingrediënten met een snufje zout door elkaar te kloppen. Het moet dik en rijk zijn, maar het kan nodig zijn om een scheutje water toe te voegen als het stijf is.

Je kunt het vlees, de tomaten en de saus in dit stadium maximaal een uur laten staan. Als je klaar bent om te serveren, verwarm je het vlees opnieuw, voeg je de kippenbouillon toe en breng je het aan de kook. Maak 4 kleine kuiltjes in de mix en breek in elk kuiltje een ei. Dek de pan af en kook de eieren 3 minuten op laag vuur. Leg de tomaten erop, vermijd de dooiers, dek weer af en kook 5 minuten, tot het eiwit gaar is maar de dooiers nog vloeibaar zijn.

Haal van het vuur en besprenkel met klodders van de yoghurtsaus, besprenkel met sumak en werk af met de koriander. Dien meteen op.

42. [Zalm met Bailey's Irish Cream Sauce](#)

Maakt: 4 porties

INGREDIËNTEN:
VOOR DE ZALM:
- 4 zalmfilets, elk 6-8 gram
- 2 eetlepels volkoren mosterd, plus 1 theelepel voor de saus
- ½ kopje gepelde rauwe pistachenoten
- ¼ kopje geroosterde broodkruimels

VOOR DE SAUS:
- 1 eetlepel boter
- 1 eetlepel sjalot, gepeld en fijngesneden
- 2 kopjes slagroom
- ¼ kopje Bailey's Irish Cream
- 4 takjes tijm, voor garnering

BEREIDING VAN DE ZALM:
a) Rooster de pistachenoten in een droge pan op middelhoog vuur tot ze geurig en licht geroosterd zijn. Pas op dat je ze niet verbrandt, want noten hebben een hoog oliegehalte en kunnen heel snel van geroosterd naar verbrand gaan.
b) Maal de pistachenoten tot een medium fijne textuur door ze zachtjes in een keukenmachine te pulseren.
c) Meng met de broodkruimels.
d) Smeer de bovenkant van elke zalmfilet in met mosterd en druk deze door het mengsel van pistache en paneermeel om te coaten. Verhit een grote koekenpan op hoog vuur en voeg de resterende olijfolie toe. Schroei de zalmfilets met de pistachekant naar beneden op middelhoog vuur tot een korstje is gevormd, ongeveer 2-3 minuten.
e) Draai de filets voorzichtig om en schroei aan de andere kant nog 2 minuten dicht. Haal de filets uit de pan, leg ze in een ovenvaste schaal en bak ze 20 minuten in de oven met de koolsla.

MAAK DE SAUS:
f) Veeg de koekenpan af met keukenpapier en smelt de boter op middelhoog vuur. Voeg de sjalotten toe en fruit ze lichtjes aan.

g) Als de sjalotjes glazig en geurig zijn, voeg dan de slagroom en Bailey's Irish Cream toe. Laat inkoken tot de saus dikker wordt.

h) Klop de resterende theelepel mosterd door de saus en breng op smaak met zout en peper.

43. Rainbow Chard met Goji-bessen en pistachenoten

Maakt: 4 porties

INGREDIËNTEN:
- 2 eetlepels olijfolie
- 1 kleine rode ui, fijngehakt
- 2 teentjes knoflook, gehakt
- 1 bosje regenboogsnijbiet, fijngehakt
- Zout en versgemalen zwarte peper
- 1/3 kopje gojibessen
- 1/3 kopje ongezouten gepelde pistachenoten

INSTRUCTIES:

a) Verhit de olie in een grote koekenpan op middelhoog vuur. Voeg de ui toe, dek af en kook tot ze zacht zijn, ongeveer 5 minuten. Voeg de knoflook toe en kook al roerend om 30 seconden zacht te worden.

b) Voeg de snijbiet toe en kook al roerend tot het geslonken is, 3 tot 4 minuten. Breng op smaak met zout en peper en kook, onafgedekt, af en toe roerend, tot ze gaar zijn, ongeveer 5 tot 7 minuten.

c) Voeg de gojibessen en pistachenoten toe en meng om te combineren. Serveer onmiddellijk.

44. Salade van heirloom tomaat en nectarine

Maakt: 6

INGREDIËNTEN:
- ¼ kopje extra vierge olijfolie
- 3 eetlepels gepelde, geroosterde pistachenoten
- 2 eetlepels balsamicoazijn of witte balsamicoazijn
- 2 theelepels honing
- 12 verse basilicumblaadjes, grof gehakt
- 2 takjes verse tijm, gehakt
- 1 teen knoflook, geraspt
- Gemalen rode pepervlokken
- Kosjer zout
- 2½ kopjes cherrytomaatjes gehalveerd
- 2 nectarines, in partjes gesneden
- 2 bolletjes burrata kaas, grof gescheurd
- 2 eetlepels gehakte verse bieslook, om te serveren
- Schilferig zeezout, om te serveren

INSTRUCTIES:

a) Combineer in een keukenmachine de olijfolie, pistachenoten, azijn, honing, basilicum, tijm, knoflook, rode pepervlokken en een snufje zout en pulseer tot ze fijngemalen zijn, ongeveer 1 minuut.

b) Combineer de tomaten en nectarines in een middelgrote kom. Voeg de pistachepuree toe en meng om te coaten. Laat 10 tot 20 minuten op kamertemperatuur marineren of dek af met plastic folie een nacht in de koelkast.

c) Om te serveren, verdeel de salade gelijkmatig over zes kommen en bedek elk met wat gescheurde burrata, bieslook en een snufje schilferig zout.

45. Pistache salade

Maakt: 8 porties

INGREDIËNTEN:
- 9 ons pk. opgeklopte topping
- 1 pak pistachepudding
- 1 blik geplette ananas, uitgelekt
- 1 kopje miniatuur marshmallows

INSTRUCTIES:

a) Vouw de droge puddingmix in de opgeklopte topping. voeg ananas en marshmallows toe.

b) Koel tot stevig.

46. Amandel pistache saffraan kerriesaus

Maakt: 2 Porties

INGREDIËNTEN:
- ½ kopje rauwe ongeblancheerde amandelen
- ½ kopje gepeld; ongezouten rauwe pistachenoten
- 2 eetlepels boter of milde plantaardige olie
- 1 grote ui; geschild en geraspt
- ½ theelepel gemalen koriander
- ¼ theelepel Foelie
- ½ theelepel versgemalen witte peper
- 2 groene kardemompeulen; gepeld, gemalen
- ½ theelepel cayennepeper
- 1 snufje Nootmuskaat
- ½ theelepel saffraandraadjes, geweekt in 2 eetlepels heet water
- 2 kopjes slagroom
- ¾ theelepel Zout; of naar smaak

INSTRUCTIES:

a) Combineer amandelen en pistachenoten in een 10-inch koekenpan en rooster ze droog op middelhoog vuur gedurende 8 tot 10 minuten. Doe in een blender of keukenmachine en reduceer tot een poeder. Opzij zetten.

b) Verhit boter in een zware steelpan van 2 liter op middelhoog vuur.

c) Voeg ui toe en bak tot lichtbruin. Roer de kruiden erdoor en kook tot geurig, ongeveer 1 minuut. Roer de saffraan, room, zout en notenpoeder erdoor. Breng aan de kook, onder voortdurend roeren.

d) Zet het vuur lager en laat sudderen, af en toe roerend, tot de saus dik genoeg is om de achterkant van een lepel te bedekken, 12 tot 15 minuten.

47. Pistache soep

Maakt: 4

INGREDIËNTEN:
- 2 el kokend water
- ¼ tl saffraandraadjes
- 1⅔ kopjes / 200 g gepelde ongezouten pistachenoten
- 2 eetlepels / 30 g ongezouten boter
- 4 sjalotten, fijngehakt (3½ oz / 100 g in totaal)
- 1 oz / 25 g gember, geschild en fijngehakt
- 1 prei, fijngehakt (1¼ kopjes / 150 g in totaal)
- 2 tl gemalen komijn
- 3 kopjes / 700 ml kippenbouillon
- ⅓ kopje / 80 ml vers geperst sinaasappelsap
- 1 el vers geperst citroensap
- zout en versgemalen zwarte peper
- zure room, om te serveren

a) Verwarm de oven voor op 350°F / 180°C. Giet het kokende water over de saffraandraadjes in een klein kopje en laat 30 minuten trekken.

b) Om de schil van de pistachenoten te verwijderen, blancheer je de noten 1 minuut in kokend water, giet je ze af en als ze nog heet zijn, verwijder je de schil door de noten tussen je vingers aan te drukken. Niet alle velletjes zullen loskomen zoals bij amandelen - dit is prima, want het heeft geen invloed op de soep - maar als je wat velletjes verwijdert, zal de kleur verbeteren, waardoor deze helderder groen wordt. Spreid de pistachenoten uit op een bakplaat en rooster ze 8 minuten in de oven. Verwijder en laat afkoelen.

c) Verhit de boter in een grote pan en voeg de sjalotten, gember, prei, komijn, ½ theelepel zout en wat zwarte peper toe. Bak op middelhoog vuur gedurende 10 minuten, vaak roerend, tot de sjalotjes helemaal zacht zijn. Voeg de bouillon en de helft van het saffraanvocht toe. Dek de pan af, zet het vuur laag en laat de soep 20 minuten pruttelen.

d) Doe op 1 eetlepel na alle pistachenoten in een grote kom samen met de helft van de soep. Gebruik een staafmixer om tot een gladde massa te pureren en doe dit dan terug in de pan. Voeg het sinaasappel- en citroensap toe, verwarm opnieuw en proef om de smaak aan te passen.

e) Hak voor het serveren de gereserveerde pistachenoten grof. Doe de hete soep in kommen en garneer met een lepel zure room. Bestrooi met de pistachenoten en besprenkel met het resterende saffraanvocht.

48. Avocado-Pistache Pesto Noodle Salade

Maakt: 4 PORTIES

INGREDIËNTEN:
- 1 (12-ounce) pakket kelpnoedels
- 4 kopjes gekruid lentesalademengsel, licht verpakt
- 1 recept Avocado-Pistache Pesto

a) Doe alle ingrediënten in een mengkom en hussel alles goed door elkaar.

49. Witlof & Citrus Salade Met Geschaafde Venkel

Maakt: 6 tot 8

INGREDIËNTEN:
- 2 eetlepels rode wijnazijn
- Kosjer zout en versgemalen zwarte peper
- 3 eetlepels extra vierge olijfolie, plus meer om te besprenkelen
- 1 kleine rode ui, gehalveerd en in dunne plakjes gesneden
- 2 navelsinaasappelen
- Schilferig zeezout
- 1 kopje dun gesneden venkelknol (ongeveer ½ bol)
- ½ pond gemengde cichorei (zoals rode of Castelfranco radicchio, of frisée), bijgesneden, bladeren gescheiden en in grote stukken gescheurd
- ½ losjes verpakt kopje verse bladpeterselieblaadjes
- ¼ kopje geroosterde ongezouten pistachenoten, gehakt

a) Marineer de ui. Doe de azijn in een grote kom. Klop 1 theelepel koosjer zout en ¼ theelepel peper erdoor. Klop langzaam de eetlepels olijfolie erdoor. Voeg de ui toe en meng om te combineren.

b) Zet 10 minuten apart om te marineren.

c) Bereid de sinaasappels voor. Snijd een klein stukje van de boven- en onderkant van de sinaasappels zodat ze plat kunnen staan.

d) Gebruik een scherp mes om de schil (inclusief het merg) weg te snijden en snij vervolgens de sinaasappels kruiselings in cirkels van ¼ inch dik.

e) Schik de stukjes sinaasappel op een grote serveerschaal. Breng op smaak met schilferig zout.

f) Werk af en serveer de salade. Voeg de venkel, witlof, peterselie en pistachenoten toe aan de kom ui. Besprenkel lichtjes met olijfolie en breng op smaak met zout en peper. Gooi om te combineren.

g) Verdeel de salade over de sinaasappelschijfjes en serveer.

NAGERECHT

50. Soufflé van abrikoos en pistache

Maakt: 6 - 8

INGREDIËNTEN:
- 3 eetlepels Boter
- 4 eetlepels meel
- 1½ kopje melk
- 6 eidooiers
- 8 Eiwitten
- snufje Zout
- ⅛ theelepel Tandsteencrème
- ½ Abrikozen-Ananasjam
- ½ Abrikozen-Ananasjam
- ¼ theelepel amandelextract
- 2 Amandelextract
- slagroom
- gedroogde abrikozen, geweekt
- gepelde pistachenootjes
- abrikozen brandewijn
- banketbakkerssuiker
- Gemalen pistachenoten

INSTRUCTIES:
a) Verwarm de oven voor op 400-F.
b) Smelt de boter en voeg de bloem toe. Voeg de melk toe en roer geleidelijk met een draadgarde tot een dikke gladde saus.
c) Voeg de suiker toe. Haal van het vuur en voeg een voor een de eidooiers toe.
d) Voeg het amandelextract, de uitgelekte, gehakte abrikozen, de pistachenoten en de optionele cognac toe. Klop de eiwitten met een snufje zout en de wijnsteencrème stijf.
e) Vouw het abrikozenmengsel erdoor en schep het in een beboterde en gesuikerde souffléschaal van 6 kopjes. Plaats de soufflé in de oven en verlaag onmiddellijk het vuur tot 375 F. Bak gedurende 25 minuten.

51. Pistachesoufflé met pistacheroomijs

Maakt: 6

INGREDIËNTEN:
VOOR HET ROOMIJS
- 4 grote eieren, gescheiden
- 100 g gouden basterdsuiker
- 300 ml slagroom
- 2 eetlepels pistachepasta

VOOR DE SOUFFLE
- gesmolten boter, voor de afwas
- 3 eetlepels basterdsuiker, plus extra voor de gerechten
- 3 grote eieren, gescheiden
- 1 eetlepel maïsmeel
- 1 eetlepel gewone bloem
- 250 ml volle melk
- 2 eetlepels pistachepasta

INSTRUCTIES:
a) Maak het ijs de dag ervoor. Klop de eiwitten tot stijve pieken met behulp van elektrische kloppers, klop dan geleidelijk de suiker erdoor en klop na elke toevoeging totdat u een gladde, glanzende meringue heeft.

b) Klop met dezelfde garde de room met de pistachepasta tot zachte pieken.

c) Spatel de room en eidooiers door de meringue, schep in een bakje en vries zes uur of een nacht in.

d) Borstel voor de soufflés de binnenkant van zes schaaltjes met gesmolten boter en bestrooi ze met basterdsuiker.

e) Klop de eidooiers los met 2 eetlepels suiker, de bloem en een snufje zout. Verwarm de melk met de pistachepasta tot het net kookt en giet dan, onder voortdurend roeren, de vloeistof op het eigeelmengsel.

f) Maak de melkpan schoon, giet het mengsel er weer in, zet het vuur terug en kook 2-3 minuten tot het de consistentie van dikke custard heeft. Haal van het vuur en bedek het oppervlak met huishoudfolie totdat het nodig is.

g) Als je klaar bent om te eten, verwarm je de oven tot 200C en leg je een bakplaat op de bovenste plank om op te warmen.

h) Klop met behulp van elektrische kloppers de eiwitten tot middelmatige stijve pieken en klop vervolgens de resterende suiker erdoor.

i) Meng een grote lepel eiwit door het pistachemengsel en spatel dan voorzichtig de rest erdoor.

j) Verdeel over de schaaltjes en ga met een bestekmes langs de bovenrand van elk van de schaaltjes.

k) Breng over naar de hete bakplaat en bak 8-12 minuten tot het goed gerezen is.

l) Serveer direct met pistacheroomijs.

52. Pistache Matcha-ijs

Voor: 8 kleine ijsjes

INGREDIËNTEN:
- 2 theelepels groene thee matcha poeder
- ½ kopje gepelde pistachenoten
- ½ kopje cashewnoten
- ½ kopje kokosmelk
- 1 kopje kokosnootvlees
- 2 theelepels vanilleboonpasta
- ¼ kopje ahornsiroop
- 3 eetlepels gesmolten kokosolie
- 100 g pure chocolade van goede kwaliteit of rauwe chocolade, gesmolten

INSTRUCTIES:
a)   Mix pistachenoten en cashewnoten in een keukenmachine of krachtige blender en maal tot een fijn kruim.
b)   Voeg kokosmelk, kokosnootvlees, vanille, groene thee matchapoeder en ahorn toe en blitz tot een gladde massa.
c)   Laat de blender draaien terwijl je de gesmolten kokosolie erbij giet. Dit zou een mooie romige consistentie in de blend moeten creëren.
d)   Giet in ijsvormen of schaaltjes en vries 2-3 uur in om op te stijven.
e)   Haal voor het serveren de ijsjes uit de vormen, leg ze op een met bakpapier beklede bakplaat en besprenkel ze met gesmolten chocolade.
f)   Zet terug in de koelkast om een minuut of twee op te stijven en serveer dan.

53. Granaatappel bezit met pistache biscotti

Maakt: 4-6

INGREDIËNTEN:
VOOR HET BEZIT
- 180 ml granaatappelsap
- 600 ml slagroom
- 135 gr basterdsuiker
- Zest van ½ citroen

VOOR DE BISCOTTI
- 250 g bloem
- 1 eetlepel bakpoeder
- 250 gram basterdsuiker
- 110 g pistachenoten
- Zest van ½ citroen
- 2 eieren
- 1 eigeel

SERVEREN
- 50 g granaatappelpitjes
- Zest van 1 citroen

INSTRUCTIES:
a) Om de posset te maken, doe je alle ingrediënten in een middelgrote pan. Al roerend met een garde aan de kook brengen, dan het vuur iets lager zetten en 4 minuten laten sudderen.

b) Giet de mix door een fijne zeef, schuim af met een lepel of pollepel om ervoor te zorgen dat je possets een gladde, schone afwerking hebben, en giet het vervolgens in de serveerglazen van je keuze.

c) Meng voor de biscotti de bloem, bakpoeder, suiker, pistachenoten en citroenschil. Klop in een andere kom de eieren en het eigeel door elkaar.

d) Voeg het ei geleidelijk aan toe aan de droge ingrediënten en meng constant totdat het deeg samenkomt. Rol uit tot een ovaal van 3 cm diep en laat een uur in de koelkast opstijven. Verwarm ondertussen de oven voor op 180C/350F/gasstand 4.

e) Haal uit de koelkast en leg op een bakplaat bekleed met bakpapier. Zet 20 minuten in de oven en laat afkoelen.

f) Eenmaal afgekoeld, schuin in plakken van 1 cm dik snijden. Leg de plakjes terug op de bakplaat, verlaag de oven naar 140C/275F/gasstand 1 en bak 6-10 minuten, tot de plakjes in het midden gestold zijn. Verwijder en plaats op een koelrek.

g) Leg voor het serveren de verse granaatappelpitjes op de posset, met de geraspte citroenschil en de biscotti ernaast.

54. Goji, pistache en citroentaart

Maakt: 12

INGREDIËNTEN:
VOOR DE RUWE VEGAN PISTACHIO KORST:
- 1½ kopje amandelmeel of amandelmeel
- ½ kopje pistachenoten
- 3 datums
- 1½ eetlepel kokosolie
- ½ theelepel gemalen kardemompoeder
- ⅛ theelepel zout

VULLING:
- 1½ kopje kokosroom
- 1 kopje citroensap
- 1 eetlepel maizena
- 2 theelepels agar-agar
- ¼ kopje ahornsiroop
- ½ theelepel gemalen kurkumapoeder
- 1 theelepel vanille-extract
- ½ theelepel goji-extract

Toppings:
- een handvol gojibessen
- draken fruit
- eetbare bloemen
- chocolade hartjes

INSTRUCTIES:
SCHERPE SCHAAL

a) Mix het amandelmeel en de pistachenoten in een keukenmachine/blender tot een fijn kruim.

b) Voeg de rest van de korst toe **INGREDIËNTEN:** en meng goed tot je een homogeen plakkerig mengsel krijgt.

c) Doe het korstdeeg in een taartvorm en verdeel het gelijkmatig over de bodem.

d) Laat opstijven in de koelkast, terwijl je de vulling klaarmaakt.

VULLING

e) Verwarm de kokosroom in een middelgrote pan en roer goed tot een glad en uniform mengsel.
f) Voeg de rest van de vulling toe **INGREDIËNTEN:** , inclusief de maïzena en agar agar.
g) Breng onder voortdurend roeren aan de kook en kook een paar minuten tot het begint te binden.
h) Als het mengsel dikker wordt, haal het dan van het vuur en laat het 10-15 minuten afkoelen.
i) Giet vervolgens over de korst en laat het volledig afkoelen.
j) Zet minstens een paar uur in de koelkast, tot de vulling helemaal opgesteven is.
k) Versier met gojibessen, drakenfruitballen en eetbare bloemen, of met je favoriete toppings.

55. Vanille Pistache Ijs

Maakt: 4

INGREDIËNTEN:
- 2 kopjes pistachenoten
- 1 ½ kopje water
- ½ kopje virgin kokosolie
- ¼ kopje zeemos verpakt
- ½ kopje kokosnectar
- ¼ theelepel vanillepoeder
- 2 theelepels vanille-extract
- ¼ theelepel mineraalzout
- Dadelpasta naar smaak

INSTRUCTIES:

a) Meng de noten met water tot een dikke crème. Zeef het mengsel door een notenmelkzakje.

b) Meng 1 kopje pistachemelk met het zeemos tot een zeer gladde massa.

c) Voeg de rest van de ingrediënten toe en mix tot een gladde massa.

d) Giet in een diepvriesdoos en laat een nacht invriezen.

56. Citroen meringue-pistache taart

Maakt: 10-inch taart

INGREDIËNTEN:
- 1 portie Pistache Crunch
- ½ ounce witte chocolade, gesmolten
- 1⅓ kopjes citroengestremde melk
- 1 kopje suiker
- ½ kopje water
- 3 eiwitten
-] ¼ kopje Citroengestremde melk

INSTRUCTIES:
a) Dump de pistache crunch in een 10-inch taartvorm. Druk met je vingers en handpalmen de crunch stevig in de taartvorm en zorg ervoor dat de bodem en zijkanten gelijkmatig bedekt zijn. Zet opzij terwijl je de vulling maakt; verpakt in plastic kan de korst tot 2 weken in de koelkast worden bewaard.
b) Breng met een deegkwast een dunne laag witte chocolade aan op de bodem en de zijkanten van de korst. Zet de korst 10 minuten in de vriezer om de chocolade hard te maken.
c) Doe 1⅓ kopjes citroengestremde melk in een kleine kom en roer om het een beetje losser te maken. Schraap de lemon curd tot een korst en gebruik de achterkant van een lepel of een spatel om het in een gelijkmatige laag te verdelen. Plaats de taart ongeveer 10 minuten in de vriezer om de citroengestremde laag te laten stollen.
d) Meng ondertussen de suiker en het water in een kleine steelpan met dikke bodem en roer de suiker voorzichtig in het water tot het aanvoelt als nat zand. Plaats de pan op middelhoog vuur en verwarm het mengsel tot 239 ° F, houd de temperatuur bij met een direct afleesbare of suikerthermometer.
e) Terwijl de suiker aan het opwarmen is, doe je de eiwitten in de kom van een keukenmixer en begin je ze met de garde tot middelzachte pieken te kloppen.

f) Zodra de suikerstroop 239°F bereikt, haal je hem van het vuur en giet je hem heel voorzichtig in de kloppende eiwitten, zorg ervoor dat je de garde vermijdt: zet de mixer op zeer lage snelheid voordat je dit doet, tenzij je iets interessants wilt brandplekken op je gezicht.

g) Zodra alle suiker met succes aan het eiwit is toegevoegd, draait u de snelheid van de mixer weer omhoog en laat u de meringue kloppen tot deze is afgekoeld tot kamertemperatuur.

h) Terwijl de meringue klopt, doe je de ¼ kop citroengestremde melk in een grote kom en roer je met een spatel om het wat losser te maken.

i) Wanneer de meringue is afgekoeld tot kamertemperatuur, zet u de mixer uit, verwijdert u de kom en vouwt u de meringue met de spatel door de citroengestremde melk tot er geen witte strepen meer over zijn. Pas op dat u de meringue niet laat leeglopen.

j) Haal de taart uit de vriezer en schep de lemon meringue op de lemon curd. Verdeel de meringue met een lepel in een gelijkmatige laag en bedek de citroengestremde melk volledig.

k) Serveer of bewaar de taart tot gebruik in de vriezer. Stevig verpakt in plasticfolie als het eenmaal hard is ingevroren, blijft het tot 3 weken in de vriezer. Laat de taart voor het serveren een nacht in de koelkast of minimaal 3 uur op kamertemperatuur ontdooien.

57. Taart met pistachelaagjes

Maakt: 6-inch laagcake

INGREDIËNTEN:
- 1 portie pistachecake
- 65 g pistacheolie [⅓ kopje]
- 1 portie Lemon Curd
- ½ portie Melk Kruimel
- 1 portie pistacheglazuur

INSTRUCTIES:

a) Leg een stuk perkament of een Silpat op het aanrecht. Keer de cake erop om en verwijder het perkamentpapier of Silpat van de onderkant van de cake. Gebruik de taartring om 2 cirkels uit de taart te stampen. Dit zijn je bovenste 2 taartlagen. De resterende cake "schroot" zal samenkomen om de onderste laag van de cake te maken.

LAAG 1, DE ONDERKANT

b) Maak de cakering schoon en plaats deze in het midden van een met schoon perkament bekleed bakblik of een Silpat. Gebruik 1 strook acetaat om de binnenkant van de taartring te bekleden.

c) Plaats de cakeresten in de ring en gebruik de rug van je hand om de stukjes samen te stampen tot een vlakke, gelijkmatige laag.

d) Dompel een deegborstel in de pistacheolie en geef de cakelaag een goed, gezond bad met de helft van de olie.

e) Gebruik de achterkant van een lepel om de helft van de lemon curd in een gelijkmatige laag over de cake te verdelen.

f) Strooi een derde van de melkkruimels gelijkmatig over de lemon curd. Gebruik de rug van uw hand om ze op hun plaats te verankeren.

g) Gebruik de achterkant van een lepel om een derde van de pistacheglazuur zo gelijkmatig mogelijk over de kruimels te verdelen.

LAAG 2, HET MIDDEN

h) Stop met je wijsvinger voorzichtig de tweede strook acetaat tussen de cakering en de bovenste ¼ inch van de eerste strook acetaat, zodat je een doorzichtige ring van acetaat hebt van 5 tot 6 inch hoog - hoog genoeg om de hoogte van de afgewerkte taart. Plaats een ronde cake bovenop het glazuur en herhaal het proces voor laag 1.

LAAG 3, DE BOVENKANT

i) Nestle de resterende ronde cake in het glazuur. Bedek de bovenkant van de cake met de resterende frosting. Geef het volume en wervelingen, of doe zoals wij en kies voor een perfect vlakke bovenkant. Garneer het glazuur met de resterende melkkruimels.

j) Breng de bakvorm over naar de vriezer en bevries gedurende minimaal 12 uur om de cake en vulling op te stijven. In de vriezer is de cake maximaal 2 weken houdbaar.

k) Minstens 3 uur voordat u klaar bent om de cake te serveren, haalt u de bakvorm uit de vriezer en gebruikt u uw vingers en duimen om de cake uit de taartring te halen. Trek het acetaat er voorzichtig af en breng de cake over naar een schaal of caketribune. Laat minimaal 3 uur ontdooien in de koelkast.

58. Pistache taart

Maakt: 1 Kwart Pancake

INGREDIËNTEN:
- ¼ kopje pistachepasta
- 3 eetlepels glucose
- 6 eiwitten
- 1¾ kopjes banketbakkerssuiker
- 1¼ kopjes geblancheerd amandelmeel
- ½ kopje pistacheolie
- ¼ kopje slagroom
- 1 kopje meel
- 1½ theelepel bakpoeder
- 1½ theelepel koosjer zout

INSTRUCTIES:
a) Verwarm de oven tot 350 ° F.
b) Combineer de pistachepasta en glucose in de kom van een keukenmixer die is uitgerust met de paddle-bevestiging en klop op middelhoog vuur gedurende 2 tot 3 minuten, totdat het mengsel verandert in een kleverige groene pasta. Schraap met een spatel langs de zijkanten van de kom.
c) Voeg op lage snelheid de eiwitten een voor een toe en pas op dat u het volgende eiwit niet toevoegt voordat het vorige volledig is opgenomen. Stop de mixer en schraap de zijkanten van de kom schoon met een spatel na elke 2 tot 3 eiwitten. Als alle eiwitten zijn opgenomen, heb je een snotterige groene soep in je mengkom. Rechtdoor.
d) Voeg de banketbakkerssuiker en het amandelmeel toe en roer ze op lage snelheid 2 tot 3 minuten door het mengsel, tot het mengsel dikker wordt. Stop de mixer en schraap langs de zijkanten van de kom.
e) Giet de pistacheolie en slagroom erbij en peddel 1 minuut op lage snelheid. Stop de mixer en schraap langs de zijkanten van de kom.

f) Voeg de bloem, bakpoeder en zout toe en peddel 2 tot 3 minuten op laag, tot het beslag superglad en iets stroperiger is dan het gemiddelde Amerikaanse cakebeslag.

g) Pam-spray een kwart vel pan en bekleed het met perkament, of bekleed de pan gewoon met een Silpat. Verdeel het cakebeslag met een spatel in een gelijkmatige laag in de pan. Bak gedurende 20 tot 22 minuten. De cake zal rijzen en rijzen, en in omvang verdubbelen.

h) Na 20 minuten prik je voorzichtig met je vinger in de rand van de cake: de cake moet terugveren en aan de zijkanten een beetje goudbruin zijn en iets van de zijkanten van de pan wegtrekken. Laat de cake nog 1 tot 2 minuten in de oven staan als hij deze tests niet doorstaat.

i) Haal de cake uit de oven en laat afkoelen op een rooster.

j)

59. Pistache Kulfi

Maakt: 6 porties

INGREDIËNTEN:
- 6 oz pistachenoten
- 284 ml pak dubbele room
- ½ liter volle melk
- 1 el basterdsuiker
- ¼ tl gemalen kardemom
- ½ tl vanille-extract

INSTRUCTIES:
a) Doe de pistachenoten in een keukenmachine of blender en maal tot zeer fijn gehakt.
b) Doe de gemalen noten in een grote pan en roer de room, melk, suiker en kardemom erdoor.
c) Breng langzaam aan de kook, al roerend, en laat dan 3-5 minuten zachtjes borrelen tot het ingedikt is, terwijl u voortdurend roert om te voorkomen dat het mengsel aan de bodem van de pan blijft plakken.
d) Haal van het vuur en roer de vanille erdoor. Laat afkoelen.
e) Dek af en koel gedurende ongeveer 30 minuten of tot goed gekoeld.
f) Doe het mengsel in de ijsmachine en vries in volgens de instructies.
g) Breng over naar een geschikte container of in individuele vormen en vries in tot gebruik.
h) Serveer bestrooid met de resterende pistachenoten.

60. Nootachtig pistacheroomijs

Maakt: 1 1/4 liter

INGREDIËNTEN:
- 1 kopje half om half
- 3/4 kopje kristalsuiker
- 1/8 theelepel zout
- 2 eidooiers, losgeklopt
- 1 eetlepel vanille-extract
- 2 kopjes slagroom
- 1 kopje geblancheerde, natuurlijke Californische pistachenoten, gehakt
- 1 eetlepel fijn geraspte sinaasappelschil

INSTRUCTIES:
a) Verwarm de helft en de helft in een pan; roer de suiker en het zout erdoor. Giet een kleine hoeveelheid hete half-en-half in eidooiers, onder voortdurend roeren. Breng het dooiermengsel terug tot half en half; kook en roer ongeveer 5 tot 10 minuten op middelhoog vuur of tot het dik en romig is. Kook niet. Koel.
b) Roer het vanille-extract en de slagroom erdoor. Koel.
c) Giet in de diepvriescontainer; volg **DE INSTRUCTIES VAN DE FABRIKANT:** om in te vriezen. Voeg pistachenoten en sinaasappelschil toe als ze bijna bevroren zijn; invriezen tot stevig.
d) Laat het ijs minstens 2 uur in de koel-vriescombinatie staan om de smaken te verzachten.
e) Laat de gepelde noten in kokend water vallen, haal van het vuur en laat ze ongeveer een minuut weken.
f) Laat de pistachenoten uitlekken en wrijf ze in met een schone theedoek.
g) Om te drogen, verspreid op een grote bakplaat in een voorverwarmde oven gedurende 10 tot 15 minuten op 300 graden F.

61. Pistachepudding

Maakt: 6 porties

INGREDIËNTEN:
- 1 pak Instant pistache
- Puddingmix
- 1 groot blik geplette ananas
- 1 kopje miniatuur marshmallows
- 1 grote Cool zweep
- ½ kopje Noten

INSTRUCTIES:
a) Meng alle ingrediënten en zet 2 uur of een nacht in de koelkast.
b) Versier eventueel met marasquinkersen.
c) Goed te bewaren mits afgedekt in de koelkast.

62. Aardbei pistache mille-feuillantines

Voor: 20 wafels

INGREDIËNTEN:
WAFELS
- ½ kopje gepelde natuurlijke pistachenoten
- ¼ kopje bloem voor alle doeleinden
- ½ kopje kristalsuiker
- ¼ theelepel Zout
- 2 grote eiwitten
- 5 eetlepels Ongezouten boter, gesmolten
- ¼ theelepel vanille

SLAGROOM
- 1 vanillestokje, in de lengte doorgesneden
- 1 kop Gekoelde slagroom
- 3 eetlepels kristalsuiker

SERVEREN
- 1 pond kleine aardbeien
- Banketbakkerssuiker om te bestuiven
- 4 kleine Aardbeien en gehakte pistachenoten

INSTRUCTIES:
WAFELS MAKEN:
a) Verwarm de oven voor op 325 ° F en spuit een zware bakplaat of bakplaat met antiaanbaklaag in met kookspray of bekleed met bakpapier.
b) Wrijf losse schil van pistachenoten en maal in een keukenmachine noten met kristalsuiker.
c) Klop in een kom het pistachemengsel, de bloem en het zout door elkaar en klop het wit, de boter en de vanille erdoor tot alles goed gemengd is.
d) Laat afgeronde theelepels beslag 5 centimeter uit elkaar op bakplaat vallen en verdeel met de achterkant van een lepel in rondjes van 3½ tot 4 inch.

e) Bak wafels in het midden van de oven. Werk snel, breng hete wafels met een dunne metalen spatel over naar een rek om volledig af te koelen.

f) Maak op dezelfde manier meer wafels met het resterende beslag, waarbij u het blad voor elke batch spuit of opnieuw bekleedt.

MAAK SLAGROOM

g) Schraap in een gekoelde kom de zaadjes van de vanilleboon en voeg room en kristalsuiker toe.

h) Klop het mengsel met een garde of een elektrische mixer totdat het stijve pieken bevat.

TE MONTEREN

i) Leg een wafel in het midden van elk van de 4 borden.

j) Smeer ongeveer 2 eetlepels slagroom op elke wafel, laat een rand van ¼ inch over en bedek met de helft van de aardbeien.

k) Leg nog een wafel op de aardbeien en bedek op dezelfde manier met de resterende room en aardbeien.

l) Bestuif 4 wafels met banketbakkerssuiker en leg ze op desserts.

m) Garneer elke mille-feuillantine met een aardbei en bestrooi de borden met pistachenoten.

63. Bramen Honing Panna Cotta

Maakt: 6

INGREDIËNTEN:
- 1 kopje kefir of karnemelk
- 4oz envelop zonder smaak, gepoederde gelatine
- 2 kopjes slagroom
- 1 vanillestokje, gespleten
- 1/4 kopje Blackberry-honing
- 1/4 theelepel koosjer zout
- Handvol pistachenoten, gehakt

INSTRUCTIES

a) Meet de kefir af en strooi de gelatine er gelijkmatig over, maar roer niet. Laat de gelatine zacht worden totdat de korrels er nat uitzien en alsof ze beginnen op te lossen, 5-10 minuten.

b) Verwarm ondertussen de room, de honing, het zout en het vanillestokje in een steelpan op middelhoog vuur tot het bijna kookt. Roer af en toe om de honing op te lossen. Zet het vuur uit en verwijder het vanillestokje, schraap de zaadjes in de pot.

c) Voeg de melk en gelatine toe en roer tot de gelatine is opgelost. Verdeel het mengsel over 6 schaaltjes of glazen. Dek af en laat afkoelen tot het is uitgehard, minimaal 4 uur en maximaal een nacht. Als je ze een nacht laat staan, bedek dan elke schaal met plasticfolie.

d) Om de panna cotta's uit de vorm te halen, ga je met een dun mes langs de bovenrand van elk schaaltje om de zijkanten los te maken en keer je het om op een bord. Het kan zijn dat u de vorm zachtjes moet schudden om de panna cotta los te laten op het bord. Bedek elke panna cotta met een lepel rabarber en zijn sappen en een snufje gehakte pistachenoten.

e) Of serveer de panna cotta's rechtstreeks uit hun vormpjes met de garnituren erop.

64. Creme Fraiche Panna Cotta met bramen

Maakt: 6

INGREDIËNTEN:
- 1 kopje volle melk
- 1 kopje slagroom
- ½ kopje kristalsuiker
- ⅔ kopje crème fraîche
- 4 blaadjes gelatine of 1 eetlepel poedergelatine
- garneren
- verse bramen
- geplette pistachenoten
- krokante balletjes van witte chocolade, optioneel

INSTRUCTIES

a) Giet melk, room, suiker en crème fraiche in een pan en klop tot een gladde massa.

b) Zet de pan op middelhoog tot middelhoog vuur en laat sudderen tot de suiker is opgelost, al roerend.

c) Vul een mengkom met ijswater en voeg gelatineblaadjes toe om te "bloeien". Zodra de vellen zacht en buigzaam zijn geworden, roer je ze door het melkmengsel.

d) Roer tot de gelatine is opgelost.

e) Haal het melkmengsel van het fornuis en giet het in 6 4-ounce ramekins. Leg de gevulde ramekins op een bakplaat en plaats ze in de koelkast om op te stijven. Laat panna cotta's minimaal 4 tot 6 uur en maximaal 2 dagen in de koelkast opstijven.

f) Top met bessen, pistachenoten en krokante balletjes van witte chocolade, indien gebruikt. Dienen.

65. Karnemelk Geitenkaas Panna Cotta Met Vijgen

Maakt: 6-8 porties

INGREDIËNTEN:
PANNA COTTA:
- 2 kopjes slagroom
- 2/3 kop suiker
- ¼ theelepel koosjer zout
- 1 kopje karnemelk
- 2 tl gelatine in poedervorm
- ¼ tl fijngeraspte sinaasappelschil
- 4 oz romige, verse geitenkaas, verzacht bij kamertemperatuur

NUTS:
- ½ kopje pistachenoten
- 2 tl ongezouten boter, gesmolten
- Kosjer zout

ANDERE TOPPINGEN:
- Oranjebloesemhoning
- Verse vijgen, in partjes gesneden

INSTRUCTIES

a) Verwarm roombasis: voeg room, suiker en zout toe aan een pan. Breng aan de kook op middelhoog vuur, af en toe roerend.

b) Bloeigelatine: Doe karnemelk in een kopje. Strooi gelatine erover. Laat 5-10 minuten rijzen terwijl de room kookt.

c) Panna cotta-basis mixen: als de room kookt, zet je het vuur laag en klop je het karnemelk/gelatinemengsel erdoor. Roer de sinaasappelschil erdoor. Klop tot de gelatine is opgelost. Doe de zachte geitenkaas in een kom. Klop het roommengsel in geitenkaas, een pollepel tegelijk, tot het volledig is gecombineerd.

d) Zeef en giet: zeef de panna cottabodem door een zeef in een grote maatbeker voor vloeistof. Giet het mengsel in de gewenste glazen of schaaltjes. Dit is genoeg voor 6-8 porties. Koel af op kamertemperatuur. Plaats in de koelkast om af te koelen en volledig op te zetten gedurende enkele uren of idealiter 's nachts.

e) Rooster pistachenoten: Terwijl de panna cotta opstijft, rooster je de pistachenoten. Verwarm de oven voor op 350 ° F. Leg de noten op een met bakpapier beklede bakplaat. Besprenkel met gesmolten boter en breng royaal op smaak met zout. Toss. Bak ongeveer 8-10 minuten of tot ze goudbruin zijn. Koel af op kamertemperatuur en bewaar in een luchtdichte verpakking.

f) Serveer: Om te serveren, panna cotta's bestrooien met vijgen en noten en besprenkelen met honing. Genieten.

66. Pistache Panna Cotta

Maakt: 4

INGREDIËNTEN:
- 1 blikje kokosmelk 400 ml
- 3 el suiker
- 3/4 tl agar-agar
- 1 el koud water
- 1/4 kopje pistacheboter
- 1/2 tl oranjebloesemwater

INSTRUCTIES

a) Doe de eetlepel koud water in een kleine kom en strooi de agar-agar er in een laag overheen. Laat het een paar minuten zitten terwijl je de volgende stap voltooit.

b) Doe de kokosmelk, suiker en pistacheboter in een middelgrote pan. Klop door elkaar en verwarm tot alles is samengesmolten en dampt, maar laat niet koken.

c) Giet een paar eetlepels van de hete kokosmelk in de kom met de agar-agar en roer goed door. Voeg het langzaam terug in de pot en zwaai de hele tijd. Verwarm nog 5 minuten tot de melk kookt, maar laat het niet koken. Klop op het einde het oranjebloesemwater erdoor.

d) Verdeel over 4 schaaltjes. Koel tot het is ingesteld.

e) Om uit de vorm te halen, haalt u de ramekin uit de koelkast en plaatst u deze een paar minuten in een warmwaterbad. Laat een offset spatel of een botermes rond de randen van de panna cotta lopen. Leg een bord op de panna cotta en keer om. Het moet op de plaat glijden. Garneer met bloemblaadjes en extra pistachenoten.

67. Geroosterde Rabarber en Pistache Panna Cotta

INGREDIËNTEN:
- 1/2 pond dunne rabarberstengels
- 1/2 kopje kristalsuiker
- sap van 1/2 citroen
- 1 vanillestokje, gespleten
- 1/2 kopje gehakte pistachenoten, om te serveren

INSTRUCTIES

a) Verwarm de oven tot 375ºF.

b) Snijd de rabarber in stukjes van 2-3 cm. Doe het in een ovenschaal met de suiker, het citroensap en het vanillestokje. Rooster tot ze zacht en sappig zijn maar niet uit elkaar vallen, ongeveer 15-20 minuten.

c) Laat afkoelen voor het serveren.

68. van kardemom en bloedsinaasappel

INGREDIËNTEN:
BLOEDSINAASAPPEL EN KARDEMOM PANNA COTTA:
- 1 1/2 kopje amandelmelk
- 1/2 kopje kokosroom
- 1/2 kopje vers geperst bloedsinaasappelsap
- 1 envelop gelatine
- 1/4 kopje biologische rietsuiker
- 2 el honing
- 1 tl kardemompoeder
- 1 tl vanilleboonpasta of 1 tl vanilleboonextract

BLOEDSINAASAPPELGELEI:
- 1 1/2 kopjes + 1/2 kopje bloedsinaasappelsap, verdeeld
- 2 enveloppen gelatine
- 1 tl bloedsinaasappelschil
- 1/3 kopje biologische rietsuiker
- 1/4 theelepel zout

GEROOSTERDE QUINOA CRUIMBLE:
- 1/2 kopje quinoa
- 3 el ahornsiroop of honing
- 1 el kokosolie
- 1/4 theelepel zout
- 1/4 tl kardemompoeder
- 2 el gevriesdroogde frambozen
- 2 el geroosterde pistachenoten grof gehakt

GARNEER:
- 2 plakjes bloedsinaasappel in tweeën gesneden

INSTRUCTIES
BLOEDSINAASAPPEL EN KARDEMOM PANNA COTTA:
a) Strooi in een kleine steelpan gelatine over 1 kopje amandelmelk op kamertemperatuur. Laat 1 minuut staan om zacht te worden. Verwarm het gelatinemengsel op laag vuur tot de gelatine is opgelost en neem de pan van het vuur.

b) Breng in een grote pan de resterende amandelmelk, kokosroom, bloedsinaasappelsap, honing, suiker, kardemompoeder, zout, vanilleboonextract samen en roer om op matig vuur aan de kook te brengen. Haal de pan na het koken van het vuur en roer het gelatinemengsel erdoor. Laat het afkoelen.

c) Verdeel het mengsel gelijkmatig over 4 wijnglazen en laat het 4 uur of een nacht in de koelkast staan.

BLOEDSINAASAPPELGELEI:

d) Verwarm 1 1/2 kopjes bloedsinaasappelsap. Meng de 2 gelatine-enveloppen met 1/2 kopje bloedsinaasappelsap en meng met het warme sap. Voeg de suiker en de schil toe en klop tot gecombineerd en de suiker is opgelost.

e) Giet het voorzichtig en gelijkmatig in de 4 glazen en laat het opstijven in de koelkast.

GEROOSTERDE QUINOA CRUIMBLE:

f) Verwarm de oven voor op 350 graden.

g) Meng alle ingrediënten behalve de frambozen in een kleine kom en verdeel het voorzichtig over een kleine bakvorm. Bak ongeveer 20 minuten in de oven. Laat het afkoelen. Verdeel het in kruimels.

MONTAGE:

h) Doe ongeveer 1-2 theelepels van de geroosterde quinoa crumble in elk glas. Verkruimel er wat gevriesdroogde frambozen over, samen met wat gehakte pistachenoten.

i) Voeg een half plakje bloedsinaasappel toe bovenop elke panna cotta die netjes in elkaar is gezet. De panna cotta's zijn klaar om geserveerd en gegeten te worden!

69. Kardemom-honing Yoghurt Panna cotta

INGREDIËNTEN:

3 eetlepels gelatinepoeder
500 ml melk
100 gram basterdsuiker
1 1/2 el kardemompoeder
200 gram yoghurt
3 el honing + extra honing om te serveren
2 el ongezouten boter
1 druppel vanille-essence
1/2 rijpe mango in kleine blokjes gesneden voor garnering

INSTRUCTIES:

a) Verwarm de melk, suiker, kardemompoeder in een pan tot de suiker is opgelost. Breng aan de kook, voeg dan 3 el gelatinepoeder toe en kook deze melk al roerend 3-4 minuten of tot het volledig is opgelost.

b) Haal van het vuur en voeg 1 druppel vanille-essence toe en meng het goed. En laat 15 minuten afkoelen.

c) Klop na 15 minuten de yoghurthoning en 1/2 tl kardemompoeder in een kom. Giet in de molen en klop langzaam en meng het goed.

d) Spoel de puddingvorm of kom af met koud water, verdeel het mengsel erover terwijl de vorm of kom nog nat is. Koel in de koelkast gedurende 3-4 uur of 's nachts totdat het is uitgehard.

e) Als u klaar bent om te serveren, maakt u de rand van elke yoghurt los met een mes en dompelt u de basis 5 seconden in armwater. Stort uit op een serveerschaal.

f) Garneer met de pistache en in blokjes gesneden mango en besprenkel met wat extra honing om te serveren.

70. Pistache en Basilicum Panna Cotta

4 porties

INGREDIËNTEN:
1 kopje slagroom
1/4 kopje verse basilicum, gehakt
1/4 kopje geblancheerde en gepureerde pistachenoten
1/2 kopje suiker
3/4 kop melk
3 tl poedergelatine
2-3 druppels pistache-essence (optioneel)

INSTRUCTIES:

Combineer room, basilicum, pistachepuree en suiker in een pan en zet het op het vuur.

Breng eerst aan de kook en laat het dan 5 minuten pruttelen. Haal van het vuur en laat het mengsel 15 minuten trekken.

Giet door een fijne zeef of mousseline doek in een kom om vaste stoffen te verwijderen.

Giet in een andere pan 1/2 kopje melk en laat het opwarmen. Haal van het vuur, voeg gelatinepoeder toe en laat het een paar minuten staan. Zet het terug op het vuur en laat de melk 2 minuten pruttelen.

Meng het mengsel van gelatine en melk met het eerder bereide roommengsel en roer goed door.

Vet de vormpjes waarin je je panna cotta graag wilt zetten licht in.

Giet het mengsel in de vormpjes en zet in de koelkast tot het gekoeld en stevig is. Dit duurt ongeveer 3-4 uur.

Ontvorm op het bord of in de vorm zelf. Garneer met gehakte pistachenoten of met je favoriete verse bessen of compote.

71. Saffraan Pistache Panna Cotta

Maakt: 2 porties

INGREDIËNTEN:
- 2 eetlepels zachte paneer of zelfgemaakte kwark
- 2 theelepels Suiker
- 2 eetlepels melk
- 1 eetlepel room
- 1 snufje saffraan
- 1 flinke snuf Agar-agarpoeder
- 2 theelepels Pistache
- 1 snufje kardemompoeder

INSTRUCTIES:
Pureer zachte paneer en poedersuiker tot een gladde massa.
Kook 2 eetlepels melk & 1 eetlepel room en een snufje saffraan samen.
Voeg een flinke snuf agar-agarpoeder toe.
Klop tot een gladde massa.
Voeg paneermix, kardemompoeder en gehakte pistache toe. Goed mengen.
Voeg in een ingevette vorm 1/4 theelepel gehakte pistache toe.
Giet de panna cotta-mix.
Koel 2 uur in de koelkast.
Ontvorm en serveer. Voeg wat siroop naar keuze en fruit toe.
U kunt suiker naar smaak aanpassen.

72. Panna cotta van rozenyoghurt

Maakt: 2 porties

INGREDIËNTEN:
- 1/2 kopje verse room
- 1/2 kopje yoghurt
- 1 el suiker
- 3 eetlepels rozensiroop
- 1/4 theelepel roze kleur
- 1,5 tl agar-agar
- 1 el water
- Enkele druppels rozenessentie
- Pistaches

INSTRUCTIES:

a) Meng yoghurt, 1 el room, rozensiroop en rozenessence in een grote kom en klop tot alles goed gecombineerd en glad is.

b) Klop in een kleine kom Agar-poeder in warm water tot het gecombineerd is.

c) Verhit de resterende room en suiker in een kleine pan of steelpan op laag tot middelhoog vuur, vaak roerend. Zodra de suiker is opgelost, voeg je het agarpoedermengsel toe en blijf roeren tot het mengsel heet is en suddert maar niet kookt. Het duurt ongeveer 1-2 minuten. Zorg ervoor dat dit mengsel niet kookt.

d) Giet dit mengsel nu bij het yoghurtmengsel en klop tot het goed gemengd is. U zult dit sneller moeten doen, aangezien agar begint te stollen.

e) Verdeel dit panna cotta-mengsel in ingevette of siliconen kommen en laat het in de koelkast opstijven of minstens 4 uur.

f) Ontvorm Rozen Yoghurt Panna Cotta uit de schaaltjes en serveer met gehakte pistachenoten erop.

73. No-Bake Choc Chip Cannoli Cheesecake

Maakt: 8 porties

INGREDIËNTEN:
- 4 ons cannoli-schelpen
- ½ kopje suiker
- ½ kopje Graham cracker kruimels
- ⅓ kopje boter, gesmolten

VULLING:
- Twee 8 ounce pakjes roomkaas, verzacht
- 1 kopje banketbakkerssuiker
- ½ theelepel geraspte sinaasappelschil
- ¼ theelepel gemalen kaneel
- ¾ kopje halfvolle ricottakaas
- 1 theelepel vanille-extract
- ½ theelepel rum-extract
- ½ kopje miniatuur halfzoete chocoladeschilfers
- Gehakte pistachenoten, optioneel

INSTRUCTIES:

a) Puls cannoli-schalen in een keukenmachine tot er grove kruimels ontstaan. Voeg suiker, crackerkruimels en gesmolten boter toe; pulseer tot gecombineerd. Druk op de onderkant en bovenkant van een ingevette 9-inch. taart plaat. Koel tot stevig, ongeveer 1 uur.

b) Klop de eerste 4 vulling **INGREDIËNTEN:** tot gemengd. Klop de ricottakaas en extracten erdoor. Roer de chocoladeschilfers erdoor. Verspreid in korst.

c) Koel, afgedekt, tot het hard is, ongeveer 4 uur. Werk eventueel af met pistachenoten.

74. Pistache En Hagelslag Cannoli

Maakt: 16 porties

INGREDIËNTEN:
- 1½ kopje Volle melk ricotta kaas; goed gedraineerd
- 3 eetlepels Suiker
- 1½ theelepel kaneel
- 1 kopje bloem voor alle doeleinden
- 1 eetlepel Suiker
- 1 eetlepel boter of reuzel
- 4 eetlepels tot 5 Tbl zoete Marsala-wijn
- 1½ kopje melkchocolade; grof gehakt
- ¼ kopje pistachenoten; grof gesneden of droge witte wijn
- 2 kopjes plantaardige olie
- Gekleurde hagelslag
- Banketbakkerssuiker

a) Combineer alle vulling in een kom **INGREDIËNTEN:** en meng goed.
b) Koel, afgedekt, tot klaar om de cannoli-schalen te vullen.
c) Om het deeg te maken, doe je de bloem in een kom of keukenmachine. Voeg de boter of het reuzel en de suiker toe en meng met een vork of pulseer tot het mengsel op grof meel lijkt.
d) Voeg langzaam de ¼ kop wijn toe en vorm het mengsel tot een bal; voeg wat meer wijn toe als het deeg te droog lijkt.
e) Het moet zacht maar niet plakkerig zijn. Kneed het deeg op een met bloem bestoven oppervlak tot een gladde massa, ongeveer 10 minuten. Wikkel het deeg in en zet het 45 minuten in de koelkast.
f) Leg het gekoelde deeg op een met bloem bestoven werkvlak. Verdeel het deeg doormidden. Werk met 1 stuk deeg per keer; bewaar het resterende deeg in de koelkast.
g) Rol het deeg uit tot een zeer dunne lange rechthoek van ongeveer 14 inch lang en 3 inch breed, met de hand of met behulp van een pastamachine die op de beste stand is ingesteld. Snijd het deeg in vierkanten van 3 inch.

h) Plaats een cannolivorm diagonaal over 1 vierkant. Rol het deeg rond de vorm zodat de punten in het midden samenkomen. Dicht de punten af met een beetje water. Ga door met het maken van cilinders tot al het deeg is gebruikt.

i) Verhit de plantaardige olie in een elektrische koekenpan tot 375F. Bak de cannoli 3 of 4 tegelijk, draai ze terwijl ze bruin en blaarvormig worden, tot ze aan alle kanten goudbruin zijn. Laat ze uitlekken op bruin papier. Als ze koel genoeg zijn om te hanteren, schuif je de cannoli voorzichtig van de vormen.

j) Gebruik voor het serveren een lange ijsthee-lepel of een spuitzak zonder spuitmond om de cannoli te vullen met het ricotta-kaasmengsel. Doop de uiteinden in gekleurde hagelslag, leg ze op een dienblad en strooi er banketbakkerssuiker over. Dien meteen op.

75. Sinaasappel Curacao Cannoli

Maakt: 12 porties

INGREDIËNTEN:
- 1¾ kopje bloem; ongeveer
- 1 eetlepel Suiker
- ¼ theelepel Zout
- 1 theelepel kaneel
- 3 eetlepels wijnazijn
- 1 ei
- 1 eetlepel boter of margarine; op kamertemperatuur
- 1 pond Ricotta-kaas
- ½ kopje banketbakkerssuiker
- ¼ theelepel vanille-extract
- 2 eetlepels fijngehakte gekonfijte sinaasappelschil; of citroen
- 3 eetlepels chocolade
- ½ theelepel kaneel
- 2 eetlepels Oranje Curaçao; (optioneel)
- 1 eiwit; poetsen
- ¼ kopje Gehakte pistachenoten; of andere noten om te garneren; (optioneel)
- 1 eetlepel banketbakkerssuiker; strooien
- olie; voor frituren

a) Gebruik je elektrische mixer. Meet in een mengkom 1 kopje bloem, suiker, zout en kaneel.
b) Bevestig kom en deeghaak. Draai naar medium-langzame snelheid en mix gedurende ongeveer 45 seconden. Voeg, terwijl de mixer draait, azijn, water, ei en boter toe. Meng om te mengen gedurende 2 tot 3 minuten.
c) Voeg de resterende bloem toe, ¼ kopje per keer, naar behoefte om een deeg te maken dat aan de haak blijft kleven.
d) Kneed 5 minuten. Als het deeg aan de zijkanten van de kom blijft plakken, voeg dan bloem toe. Het deeg zal glad en elastisch zijn.

e) Wikkel het zachte deeg in folie of plastic en zet het minimaal 1 uur in de koelkast om te ontspannen en te koelen.
f) Verwarm minstens 5 cm plantaardige olie tot 375 graden.
g) Leg het deeg op een met bloem bestoven werkoppervlak en rol het extreem dun uit - 1/16 inch of minder! Haast je niet.
h) Als het deeg terugtrekt, laat het dan ontspannen. Als het zacht wordt en blijft plakken, zet het dan 5 of 10 minuten terug in de koelkast.
i) Snijd cirkels van 4½ inch (de grootte van veel kleine margarinekuipdeksels!)
j) Rol de deegresten uit en ga door tot al het deeg is gebruikt. Je zou 12 tot 14 cirkels moeten hebben.
k) Als de cirkels zijn uitgesneden, rol je ze nog een keer uit net voordat je ze op de cannolibuizen legt. Dit geeft ze een ovale vorm, ongeveer 5 inch bij 4 ½ inch.
l) Plaats het deeg zo dat de langste afmeting de lengte van de metalen buis is. Bestrijk de punt van het deeg met eiwit om te verzegelen. Toldeeg op de buis.
m) Frituren. De tijdsduur is afhankelijk van de dikte van de schelpen. Een heel dunne schaal heeft ongeveer 2 minuten nodig. Een dikkere schaal kan tot 6 minuten nodig hebben. Bak er twee of drie tegelijk.
n) Tijdens het frituren een keer omdraaien. Bak tot ze goudbruin zijn. Verwijder met een tang. Laat een paar minuten afkoelen en duw de buizen dan vrij om ze weer te gebruiken. Koel de schelpen volledig af voordat u ze vult.

VULLING:
o) Room ricotta kaas in een kom met een spatel of houten lepel of met een elektrische mixer tot een gladde massa, ongeveer 5 minuten.
p) Voeg banketbakkerssuiker, vanille, gekonfijt fruit, chocolade, kaneel en curacao-sinaasappel toe. Blijf nog 4 of 5 minuten kloppen. Koel tot klaar om schelpen te vullen.

q) Gebruik een kleine lepel om de vulling in de schelpen te stoppen. Doop de uiteinden in gehakte noten. Zeef de banketbakkerssuiker over de schelpen en serveer.

76. Cannoli alla siciliana

Maakt: 12 porties

INGREDIËNTEN:
SCHELPEN:
- 2 kopjes All-purpose Flour
- 2 eetlepels bakvet
- 1 theelepel Suiker
- ¼ theelepel Zout
- ¾ kopje Wijn, Marsala, Bourgondië of Chablis
- Plantaardige olie

VULLING:
- 3 kopjes ricotta
- ½ kopje banketbakkerssuiker
- ¼ kopje kaneel
- ½ Plein ongezoet
- Chocolade geraspt OF
- ½ eetlepel cacao (beide optioneel)
- ½ theelepel vanille
- 3 eetlepels citroenschil, gehakt
- 3 eetlepels Sinaasappelschil, gekonfijt, gehakt
- 6 Glace kersen, in stukjes gesneden

a) Om cannoli-schalen te maken, heb je 3 of 4 metalen buizen nodig, bij voorkeur gemaakt van heel licht blik, ongeveer 7 inch lang en 1⅛ inch in diameter. De randen mogen niet worden gesoldeerd.

b) SCHELPEN: Combineer bloem, bakvet, suiker en zout, en bevochtig geleidelijk met wijn, kneed samen met de vingers tot een vrij hard deeg of pasta is gevormd. Vorm tot een bal, dek af met een doek en laat ongeveer 1 uur staan.

c) Snijd het deeg doormidden en rol de helft van het deeg uit tot een dun vel van ongeveer ¼ inch dik. Snijd in vierkanten van 4 inch.

d) Plaats een metalen buis diagonaal over elk vierkant van het ene punt naar het andere, wikkel het deeg rond de buis door de twee punten te overlappen en de overlappende punten af te dichten met een beetje eiwit.

e) Verhit ondertussen plantaardige olie in een grote diepe pan om te frituren. Laat een of twee buizen tegelijk in hete olie vallen.

f) Bak zachtjes tot het deeg een goudbruine kleur heeft.

g) Haal uit de pan, laat afkoelen en verwijder voorzichtig de schaal van de metalen buis.

h) Zet de schelpen opzij om af te koelen. Herhaal de procedure totdat alle schelpen zijn gemaakt.

i) VULLING: Meng ricotta grondig met gezeefde droge ingrediënten. Voeg vanille en fruitschil toe. Meng en meng goed. (eventueel kan een beetje geraspte pistache worden toegevoegd). Laat de koelkast afkoelen voordat u de schelpen vult. Vul koude cannoli-schalen; gladde vulling gelijkmatig aan elk uiteinde van de schaal.

j) Versier elk uiteinde met een stuk geglazuurde kers en bestrooi de schelpen met banketbakkerssuiker. Koel tot klaar om te serveren.

77. Cannoli roompizza

Maakt: 1 Porties

INGREDIËNTEN:
- Dessert Pizza Schelpen
- 1 kopje banketbakkerssuiker
- 6 kopjes Ricotta-kaas, goed uitgelekt
- 1¼ kopje Gekonfijt fruit, fijngehakt
- 2 theelepels vanille-extract
- 2 ons Halfzoete miniatuurchocoladeschilfers
- Ongezouten pistachenoten, grof gehakt
- Ongezoet cacaopoeder

Klop in een keukenmachine of mengkom de banketbakkerssuiker met de ricotta glad en romig. Spatel het gekonfijte fruit, de vanille en chocoladeschilfers erdoor. Chill, afgedekt, gedurende twee tot drie uur voor gebruik.

Smeer een laag van de cannolicrème op de gebakken pizzabodem. Strooi de gehakte pistachenoten over de kaas. Eventueel licht bestrooien met cacaopoeder.

78. Cannoli met hazelnootcrème

Maakt: 6 porties

INGREDIËNTEN:
- 1 kop Hazelnoten; gepeld
- 2 kopjes slagroom
- ½ kopje kristalsuiker
- ½ theelepel vanille
- ¼ kopje Pistachenoten, gepeld naturel grof gehakt
- 6 Cannoli-schelpen
- Banketbakkerssuiker

a) Verwarm de oven voor op 350 F.
b) Strooi de hazelnoten op een bakplaat en rooster ze 15 tot 18 minuten, of tot de noten lichtbruin zijn en de schil barst.
c) Verwijder zoveel mogelijk bruine velletjes door noten in keukenpapier te wrijven.
d) Breek de noten in grove stukken door ze in een schone theedoek te wikkelen en er zachtjes met een deegroller op te slaan.
e) Klop de room in een middelgrote kom met een elektrische mixer gedurende 2 tot 3 minuten, of tot het dik is. Klop er kort kristalsuiker en vanille door.
f) Vouw de hazelnoten en pistachenoten erdoor. Vul cannoli-schelpen met notencrème.
g) Serveer met een lichte zeef van banketbakkerssuiker.

79. Chocolade pistache cannolis

Maakt: 12 porties

INGREDIËNTEN:
- ½ pak (11,5-oz) Nestle Toll House melkchocoladestukjes
- 1 pak Ricotta-kaas (15 oz).
- 2 pakjes (3-oz) roomkaas; verzacht
- 2 eetlepels Gezeefde banketbakkerssuiker
- 2 eetlepels Gehakte citroen
- 1 theelepel vanille-extract
- 12 voorbereide 5-inch cannoli-schelpen
- ⅓ kopje Fijngehakte pistachenoten

a) Smelt boven heet (niet kokend) water, stukjes Nestle Toll House melkchocolade; roer tot een gladde massa.
b) Haal van het vuur; Koel af tot kamertemperatuur. Klop in een grote kom de ricotta tot een gladde massa.
c) Voeg roomkaas, banketbakkerssuiker, citroen en vanille-extract toe; goed slaan Meng in gesmolten stukjes.
d) Lepel in cannoli-schelpen.
e) Dip eindigt in noten. Koel tot klaar om te serveren.

80. Magere cannoli met frambozensaus

Maakt: 6 Porties

INGREDIËNTEN:
- 2 bakken; (15 oz) magere ricottakaas
- 12 wontons; (4 inch) wikkels
- Kookspray met botersmaak
- 1 theelepel maizena opgelost in 1 theelepel water; (voor pasta)
- 6 eetlepels Suiker
- ½ theelepel vanille-extract
- ¼ theelepel amandelextract
- 3 kopjes verse frambozen
- 2 eetlepels banketbakkerssuiker; tot 4
- 2 theelepels citroenschil
- 1 eetlepel Gehakt; licht geroosterde pistachenoten

a) Giet de ricotta 6 tot 8 uur af
b) Verwarm de oven voor op 400 graden F. Spuit 12 cannoli-buizen licht in met kookspray. Begin bij de hoeken en wikkel wontons rond buizen. Lijm met schar of maïzena pasta. Spuit de buitenkant van de cannoli lichtjes in. Leg ze op een bakplaat en bak ze in ongeveer 4 tot 6 minuten goudbruin en krokant. Laat iets afkoelen en schuif het deeg dan van de buisjes. Koel op een rooster.
c) Vulling: klop in een grote kom ricotta, suiker en extracten. Leg opzij of breng over in een spuitzak met een ½-in. ster tip.
d) Saus: Pureer frambozen in een keukenmachine. Pureer de puree door een zeef in een kom. Klop banketbakkerssuiker en citroenschil erdoor. (Het recept kan tot aan dit stadium enkele uren van tevoren worden bereid.)
e) Gebruik een spuitzak of theelepel om ¼ c mengsel in elke schaal te doen.
f) Bestrooi de uiteinden met gehakte pistachenoten. Schep voor het serveren de frambozensaus op de dessertborden.

Leg op elk bord 2 cannoli bovenop frambozensaus en serveer onmiddellijk.

81. Wonton-cannoli

Maakt: 4 Porties

INGREDIËNTEN:
- 24 wontonvellen
- Pindaolie om in te frituren
- Grof gemalen ongezouten pistachenoten
- Extra banketbakkers': suiker
- Munt takjes

VULLING:
- 1 pond magere Ricotta-kaas, glad geslagen
- ½ c gezeefde banketbakkerssuiker
- 1 tl puur vanille-extract
- ⅓ c geschaafde halfzoete chocolade

a) Verhit olie in friteuse tot 375. Werk met 6 wontonvellen tegelijk.

b) Bewaar de rest goed verpakt in vetvrij papier en gedrapeerd met een licht vochtige handdoek. Leg een wontonhuid op het werkoppervlak en plaats een cannolibuis diagonaal over het midden ervan. Als je geen cannoli tube hebt, maak er dan een tube van met wat aluminiumfolie. Breng de zijkanten van de huid omhoog over de tube. Dicht overlappende tips af met een beetje water. Vorm wontonhuiden rond de resterende 5 buizen. Bak, 2 tubes tegelijk, met de naad naar beneden in hete olie, gedurende 30 seconden of net tot ze goudbruin zijn. Verwijder met een tang en laat uitlekken op keukenpapier. Terwijl de schelpen nog heet zijn, duw je ze voorzichtig van de buisjes met een kleine metalen spatel en je vingers.

c) Herhaal dit met de resterende vellen en zorg ervoor dat de buizen volledig zijn afgekoeld voordat u ze met vellen omwikkelt.

Vulling:

d) Combineer ricotta, banketbakkerssuiker, vanille en chocolade.

e) Dek af en laat 2 uur of een nacht afkoelen. Serveren: lepel vulling in cannoli-schelpen. Een spuitzak is hier erg handig, of knip een hoekje van een boterhamzakje af en pers het mengsel eruit.

Doop elk uiteinde van de vulling in pistachenoten. Schik op een serveerschaal. Zeef extra suiker over elk en garneer met takjes munt.

82. Cannoli gevuld met vers fruit Srikhand

Maakt: 4 porties

INGREDIËNTEN:
- 1 kopje bloem voor alle doeleinden
- 1 eetlepel ghee
- 1 tl kardemompoeder
- Vers Fruit Srikand
- 500 g kwark
- 1 kopje poedersuiker
- 1/2 kop gehakt vers fruit
- naar behoefte Pistachenotenpoeder voor garnering

INSTRUCTIES:

Voeg ghee en kardemom toe aan bloem en kneed het deeg met het benodigde water. Dek af en laat het 10 minuten rusten.

Rol puri uit het deeg en plak het op cannolipijpjes.

Bak het in hete olie op middelhoog vuur tot het krokant en gaar is. Bind de wrongel in een doek en hang totdat het water is verwijderd. Voeg suikerpoeder toe aan de hangende wrongel en haal het door de srikhanddoek. Leuke zelfgemaakte smaakloze srikhand is klaar. Voeg gehakt vers fruit toe. Hier kunt u elke smaak of gedroogd fruit toevoegen.

Vul knapperige cannoli met srikhand en bedek het met pistachepoeder.

Bereid alle cannoli dienovereenkomstig voor en geniet van dit Italiaanse dessert met een Indiase twist.

83. Cannoli Delight met pistachenoten

Maakt: 4 porties

INGREDIËNTEN:
- 1 kopje maida / bloem voor alle doeleinden
- 1 eetlepel zelfgemaakte ghee
- 1/2 kopje griesmeel
- 1/2 tl kaneelpoeder
- 2 el poedersuiker
- 1 kopje suiker
- 2 eetlepels watermeloenpitten
- 4-5 zwarte peperkorrels
- 1 el basilicum/tulsizaad
- 1 el venkelzaad
- 8-10 amandelen
- 1 kopje mawa/khoya
- 2 el gehakte dadels
- 1 kopje donkere chocoladepasta
- 2-3 eetlepels geraspte pistachenoten
- 2-3 eetlepels basterdsuiker
- 1 eetl confituur
- vanaf vereiste Water
- vanaf vereiste Zout
- vanaf vereiste Olie

INSTRUCTIES:

a) Meng voor het maken van de cannoli-schelpen 1 kopje maida, 1/2 kopje griesmeel, 1/2 theelepel kaneelpoeder, 2 eetlepels poedersuiker, een snufje zout, 1 eetlepel zelfgemaakte ghee en water om een dik deeg te maken. Laat het ongeveer 25-30 minuten rusten.

b) Rooster voor de vulling 2 el watermeloenzaad, 1 el basilicum/tulsizaad, 1 el venkelzaad, 8-10 amandelen en 4-5 zwarte peperkorrels tot ze krokant worden. Laat het dan afkoelen en meng het in een mixer samen met 1 kopje suiker.

c) Voeg in dezelfde pan 1 kopje mawa/khoya toe. Voeg 2 el gehakte dadels toe. Meng goed, verwijder alle klontjes en laat de mawa koken. Haal van het vuur en laat afkoelen.

d) Voeg het gemengde zadenmengsel toe aan het mawa-dadelmengsel samen met 2 eetlepels melk en meng goed. Vullen is klaar.

e) Cannoli kan worden gemaakt met behulp van de cannoli-rollen die gemakkelijk op de markt verkrijgbaar zijn. Hier heb ik aluminium recyclebaar blik gebruikt.

f) Snijd alle 4 zijden van het blik om de basis te gebruiken. Rol de basis op tot een rol en sluit beide zijden af met een nietmachine.

g) Neem een bol ter grootte van een pedha van het schelpenmengsel en rol deze met een deegroller op een vlakke ondergrond. Snijd in een vierkante vorm met behulp van een uitsteker. Prik met een vork gaatjes in de vierkantjes om te voorkomen dat ze luchtbellen krijgen tijdens het frituren.

h) Rol het vierkant om de aluminium rol en sluit de randen af met een mengsel van tarwebloem en water.

i) Verhit olie om te frituren. Doe de schelpen in de olie om te frituren (samen met de aluminium rolletjes). Bak op laag tot middelhoog vuur om te voorkomen dat ze verbranden.

j) Eenmaal gefrituurd terwijl ze nog warm zijn, verwijder je de aluminium blikken rol uit de cannoli-schaal.

k) Smelt 1 kopje pure chocolade in een magnetron of gebruik de dubbele ketelmethode. Doop beide zijden van de cannoli-schelpen in de gesmolten chocolademassa.

l) Strooi, terwijl de chocolade nog nat is, geraspte pistache over de chocolade. Laat het volledig intrekken.

m) Vul de cannolischelpen met de vulling. Eenmaal gevuld, schikt u de cannolis op een serveerschaal en bestrooit u de basterdsuiker met behulp van een zeef. Breng een jamstip aan in het midden van de cannoli en serveer.

84. Italiaanse Cannoli bites met pistachenoten

INGREDIËNTEN:
VOOR DE CANNOLI-SCHAAL
- 2 kopjes All-purpose Flour
- 2 1/2 el basterdsuiker
- 1 tl cacaopoeder
- 1/2 tl kaneel
- 1 snufje nootmuskaat (optioneel)
- 1/2 theelepel zout
- 1/4 kop boter, gesmolten
- 6-8 eetlepels appelsap of druivensap
- 2 eetlepels witte wijnazijn
- Plantaardige olie kookspray

CANNOLI VULLING
- 12 oz volle melk Ricotta-kaas, gezeefd
- 8 oz Mascarpone-kaas
- 1/2 kopje poedersuiker
- 1/3 kopje mini halfzoete chocoladeschilfers
- poedersuiker, om te bestuiven (optioneel)

Toppings:
- Gesmolten chocolade, gehakte pistachenoten, hagelslag, geroosterde gezoete kokosnoot

INSTRUCTIES:
a) Verwarm de oven voor op ongeveer 200 graden C.

b) Voeg bloem, kristalsuiker, cacaopoeder, kaneel, nootmuskaat en zout toe aan een keukenmachine en pulseer tot het gemengd is. Giet de gesmolten boter erbij en pulseer tot alles goed gemengd is en pulseer vervolgens tot het gemengd is. Combineer sap en azijn in een kom, terwijl de processor langzaam draait, giet het sapmengsel erbij en pulseer totdat het mengsel begint samen te komen.

c) Verdeel het deeg in twee stukken, vorm er balletjes van en doe ze in een hersluitbare zak. Koel in de koelkast 30 minuten - 1 uur.

d) Bereid ondertussen de vulling voor. Meng in een mengkom, met behulp van een rubberen of siliconen spatel, Ricotta en

Mascarpone-kaas terwijl u het mengsel laat lopen en langs de bodem van de kom drukt om eventuele klonten te verwijderen. Vouw de poedersuiker erdoor. Dek af en laat 30 minuten afkoelen.

e) Rol elk gekoeld deeg op een licht met bloem bestoven oppervlak uit tot een cirkel van 14 inch, tot een dikte van ongeveer 1/8 inch. Snijd in cirkels met een 2 1/2-inch ronde koekjessnijder.

f) Breng de rondjes over in een niet-ingevette mini-muffinvorm en druk gelijkmatig in de zijkanten en bodem van de muffinholte. Spray toppen gelijkmatig met plantaardige olie spray.

g) Bak in een voorverwarmde oven gedurende 11-13 minuten tot ze licht goudbruin zijn.

h) Haal uit de oven en breng over naar een draadkoelrek om volledig af te koelen. Als het eenmaal is afgekoeld, doopt u de toppen desgewenst in de chocolade en vervolgens in de coating als u deze gebruikt (zoals pistachenoten) en laat u de chocolade opstijven.

i) Haal de cannolivulling uit de koelkast en doe deze in een spuitzak met een spuitmondje (of gebruik een grote hersluitbare zak en knip de punt van het uiteinde af). Spuit de vulling in kopjes en bestrooi met chocoladeschilfers en bestuif met poedersuiker. Voor het beste resultaat binnen 2 uur serveren. Bewaar in de koelkast.

85. Cannoli kegels

INGREDIËNTEN:
1 pond Ricotta-kaas
10 suikerkegels
4 oz donkere chocolade, grof gehakt en gesmolten
3 eetlepels fijngehakte gezouten, geroosterde pistachenoten
1/2 kopje banketbakkerssuiker
2 tl Marsala-wijn
1/2 vanillestokje, gespleten en geschraapt, peul gereserveerd voor een ander gebruik
2 el fijngehakte gekonfijte sinaasappelschil
2 eetlepels mini-chocoladeschilfers

INSTRUCTIES:
Doe de ricotta in een fijne zeef boven een kom; dek af met plastic folie. Koel tot uitgelekt, minimaal 2 uur of 's nachts.

Breek een deel van de bovenkant van elke kegel af om aan 1 kant een boog van 1 1/2-inch diep te maken. Houd elke kegel schuin, dompel ongeveer 1/4 inch van de rand in gesmolten chocolade en bestrooi onmiddellijk met pistachenoten, bewaar wat voor garnering. Breng over naar een met perkament bekleed vel, met de gebroken kant naar boven. Koelen

Meng ricotta, suiker, wijn en vanillezaadjes. Meng sinaasappelschil en chocoladeschilfers erdoor.

Breng de ricottavulling over in een spuitzak met een grote open stertip. Pijpvulling in kegels. Bestrooi met gereserveerde pistachenoten. Serveer onmiddellijk.

86. Cannoli Pistache Cupcakes

INGREDIËNTEN:

2 kopjes cakemeel
1 ¼ kopje ongebleekte bloem voor alle doeleinden
1 eetl. bakpoeder
1 theelepel. Kaneel
½ theelepel. zout
1 ½ kopje suiker
1 kopje ongezouten boter, kamertemperatuur
4 grote eieren
1 kopje volle melk
1 theelepel. vanille-extract
cannoli vulling (recept volgt)
mascarpone botercrème (recept volgt)
gehakte pistachenoten
cannolischelpen (optioneel)

INSTRUCTIES:

Verwarm de oven voor op 325 ° F. Bekleed 16-18 muffinpannen met papieren voeringen; opzij zetten. Klop bloem, bakpoeder, kaneel en zout in een kom; opzij zetten. Klop boter en suiker romig en mix tot het net licht en luchtig is. Voeg de eieren 1 voor 1 toe tot ze gecombineerd zijn, schraap de kom na elke toevoeging naar beneden. Voeg het bloemmengsel in drie porties toe, afgewisseld met twee toevoegingen van melk en vanille aan het beslag tot het volledig gemengd is en schraap de kom naar beneden terwijl je mixt. Schep het beslag in bakvormpjes die ongeveer 2/3 vol zijn. Bak tot een caketester die in het midden is gestoken er schoon uitkomt, 17 tot 20 minuten.

87. Cannoli-sandwichkoekje

INGREDIËNTEN:
- 1 c boter, verzacht
- 3/4 k suiker
- 1/4 c bruine suiker, verpakt
- 1 groot ei
- 1 tl vanille-extract
- 2 1/4 c bloem
- 1 1/2 theelepel bakpoeder
- 1/2 tl sinaasappelschil
- 1/4 theelepel kaneel
- 1/2 c fijngehakte pistachenoten
- gesmolten chocolade

CANNOLI VULLING:
- 3/4 c volle melkricotta
- 8 Oz. mascarpone kaas
- 1/3 c poedersuiker
- 3/4 tl vanille

INSTRUCTIES:
a) Klop de boter op gemiddelde snelheid tot romig. Voeg geleidelijk suiker en bruine suiker toe en klop goed. Voeg ei en vanille toe, klop tot gecombineerd.

b) Combineer bloem, bakpoeder, schil en kaneel. Voeg toe aan het botermengsel. Klop op gemiddelde snelheid. Roer de pistachenoten erdoor.

c) Vorm het deeg in blokken van 2 - 6 inch. Wikkel in vetvrij papier en bevries tot stevig. Snijd het bevroren deeg in rondjes van 1/8 inch dik. Leg de rondjes op een met bakpapier beklede bakplaat.

d) Bak op 350 graden F gedurende 10-12 minuten, of tot ze lichtbruin zijn aan de randen. Koel 1 minuut op de pan. Laat volledig afkoelen op een rooster.

e) Vul met cannolivulling. Stel sandwiches samen en besprenkel met gesmolten chocolade. Koel in de koelkast tot de chocolade hard is geworden.

f) **CANNOLI VULLING**

g) Meng **INGREDIËNTEN:** samen. Vul een spuitzak of Ziploc zak met vulling. Koel tot klaar voor gebruik. Om sandwiches te vullen, spuit u de vulling aan de onderkant van een koekje. Top koekje met een ander.

88. Cannoli-cheesecake zonder bak met chocoladeschilfers

Maakt: 8 porties

INGREDIËNTEN:
- 1 pakje (4 ons) cannoli-schelpen
- 1/2 kopje suiker
- 1/2 kop graham crackerkruimels
- 1/3 kopje boter, gesmolten

VULLING:
- 2 pakketten (elk 8 ons) roomkaas, verzacht
- 1 kopje banketbakkerssuiker
- 1/2 theelepel geraspte sinaasappelschil
- 1/4 theelepel gemalen kaneel
- 3/4 kop halfvolle ricotta kaas
- 1 theelepel vanille-extract
- 1/2 theelepel rum-extract
- 1/2 kop miniatuur halfzoete chocoladeschilfers
- Gehakte pistachenoten, optioneel

INSTRUCTIES:

a) Puls cannoli-schalen in een keukenmachine tot er grove kruimels ontstaan. Voeg suiker, crackerkruimels en gesmolten boter toe; pulseer tot gecombineerd. Druk op de onderkant en bovenkant van een ingevette 9-in. taart plaat. Koel tot stevig, ongeveer 1 uur.

b) Klop de eerste 4 vulling **INGREDIËNTEN:** tot gemengd. Klop de ricottakaas en extracten erdoor. Roer de chocoladeschilfers erdoor. Verspreid in korst.

c) Koel, afgedekt, tot het hard is, ongeveer 4 uur. Werk eventueel af met pistachenoten.

89. Citroen-aardbeienmoussecake

Maakt: 1 portie

INGREDIËNTEN:
- 1 kopje bloem voor alle doeleinden 250 ml
- ⅓ kopje Geroosterde hazelnoten of pistachenoten; fijn gesneden
- 2 eetlepels kristalsuiker 25 ml
- ½ kopje ongezouten boter; in kleine stukjes gesneden 125 ml
- 1 eigeel 1
- 1 eetlepel citroensap 15 ml
- 2 ons Zelfgemaakt of commercieel biscuitgebak 60 g
- 4 kopjes Verse aardbeien 1 L
- 1 Envelop ongeparfumeerde gelatine 1
- ¼ kopje Koud water 50 ml
- 4 eidooiers 4
- ¾ kopje kristalsuiker; verdeeld 175 ml
- ¾ kopje citroensap 175 ml
- 1 eetlepel fijn geraspte citroenschil 15 ml
- 4 ons Roomkaas 125 g
- 1¾ kopje slagroom 425 ml
- Gehakte geroosterde pistachenoten
- Gezeefde poedersuiker

Verwarm de oven voor op 375F/190C.

Om gebak te maken, combineert u in een grote kom bloem met noten en kristalsuiker. Snijd de boter erdoor tot het in kleine stukjes is.

Combineer eidooier met citroensap. Strooi het bloemmengsel erover en kneed het deeg tot een bal. Rol of druk op de bodem van een springvorm van 9 of 10 inch/23 of 25 cm.

Bak gedurende 20 tot 25 minuten, of tot ze lichtbruin zijn. Breek de biscuit in kleine stukjes en strooi ze over het deeg.

Bewaar acht van de beste aardbeien voor de top. Romp resterende bessen.

Snijd ongeveer twaalf bessen van gelijke grootte doormidden en schik ze rond de rand van de pan met de gesneden kant van de bessen tegen de rand gedrukt. Schik de resterende bessen zodat ze in de pan passen met de uiteinden naar boven gericht.

Strooi gelatine over koud water in een kleine steelpan om de vulling te maken.

Laat 5 minuten zacht worden. Verwarm zachtjes tot het is opgelost.

Klop in een middelgrote steelpan 4 eierdooiers met ½ kopje / 125 ml kristalsuiker tot een lichte massa. Klop het citroensap erdoor en schil. Kook, onder voortdurend roeren, tot het mengsel dikker wordt en net aan de kook komt. Roer de opgeloste gelatine erdoor.

Koel.

Klop in een grote kom roomkaas met de resterende ¼ kop / 50 ml kristalsuiker. Klop de koele citroenroom erdoor.

Klop in een aparte kom slagroom tot een lichte massa. Vouw in citroenroom.

Giet over bessen. Schud de pan voorzichtig zodat het citroenmengsel tussen de bessen valt en de bovenkant gelijk is. Koel gedurende 3 tot 4 uur, of tot het is uitgehard. Ga met het mes langs de rand van de pan en verwijder de zijkanten. Plaats cake op serveerschaal. (Verwijder de bodem van de springvorm alleen als deze gemakkelijk loskomt.) Leg stroken vetvrij papier van 2½ cm op de cake, met ruimte ertussen. Bestrooi ruimtes met pistachenoten. Verwijder papier voorzichtig. Laat de rompen op gereserveerde bessen en snijd ze doormidden. Schik bessen in rijen langs lege stroken. Bestuif met poedersuiker. Koel tot klaar om te serveren.

90. Zoete Filo-sigaren

Maakt: ONGEVEER 12 SIGAREN

INGREDIËNTEN:
1 kopje / 80 g gesneden amandelen
½ kopje / 60 g ongezouten pistachenoten, plus extra, geplet, om te garneren
5 eetlepels water
½ kopje / 80 g vanillesuiker
1 groot scharrelei, losgeklopt, witgeklopt
1 el geraspte citroenschil
filodeeg, in twaalf vierkanten van 7½ inch / 18 cm gesneden
arachideolie, om te frituren
½ kopje / 180 g honing van goede kwaliteit

Meng in een keukenmachine de amandel en pistache tot een fijne pasta. Doe de gemalen noten in een koekenpan en voeg 4 eetlepels water en de suiker toe. Kook op zeer laag vuur tot de suiker is opgelost, ongeveer 4 minuten. Haal de pan van het vuur en voeg de eidooier en de citroenschil toe, roer ze door het mengsel.

Leg 1 vel bladerdeeg op een schoon oppervlak. Verdeel ongeveer 1 eetlepel van het notenmengsel in een dunne strook langs de rand die het dichtst bij je is, laat aan de linker- en rechterkant ¾ inch / 2 cm vrij. Vouw de twee kanten over de pasta om hem aan beide uiteinden vast te houden en rol van je af om een compacte sigaar te maken. Duw de bovenrand naar binnen en sluit af met een klein beetje van het losgeklopte eiwit. Herhaal met het deeg en de vulling.

Giet voldoende olie in een koekenpan om 2 cm omhoog te komen aan de zijkanten. Verhit de olie op middelhoog vuur en bak de sigaren in 10 seconden aan elke kant goudbruin.

Leg de sigaren op een bord met keukenpapier en laat afkoelen. Doe de honing en de resterende 1 eetlepel water in een kleine steelpan en breng aan de kook. Als de honing en het water heet zijn, dompelt u de afgekoelde sigaren een minuut lang lichtjes in de siroop en roert u voorzichtig tot ze goed bedekt zijn. Verwijder en schik op een serveerschaal. Bestrooi met de geplette pistachenoten en laat afkoelen.

91. Graibeh

Maakt: ONGEVEER 45 KOEKJES

INGREDIËNTEN:
¾ kopje plus 2 el / 200 g ghee of geklaarde boter, uit de koelkast zodat het stevig is
⅔ kopje / 70 g banketbakkerssuiker
3 kopjes / 370 g bloem voor alle doeleinden, gezeefd
½ tl zout
4 tl oranjebloesemwater
2½ tl rozenwater
ongeveer 5 el / 30 g ongezouten pistachenoten

Roer de ghee en banketbakkerssuiker gedurende 5 minuten in een keukenmixer met de zweep tot een luchtig, romig en bleek mengsel. Vervang de zweep door de klopper, voeg de bloem, het zout, de oranjebloesem en het rozenwater toe en meng gedurende 3 tot 4 minuten tot een homogeen, glad deeg ontstaat. Wikkel het deeg in plasticfolie en leg het 1 uur in de koelkast.

Verwarm de oven voor op 350°F / 180°C. Knijp een stuk deeg samen, met een gewicht van ongeveer ½ oz / 15 g, en rol het tot een bal tussen je handpalmen. Druk het een beetje plat en leg het op een met bakpapier beklede bakplaat. Herhaal dit met de rest van het deeg, leg de koekjes op met bakpapier beklede vellen en leg ze goed uit elkaar. Druk 1 pistache in het midden van elk koekje.

Bak 17 minuten, zorg ervoor dat de koekjes niet verkleuren maar gewoon gaar worden. Haal uit de oven en laat volledig afkoelen. Bewaar de koekjes maximaal 5 dagen in een luchtdichte trommel.

92. Mutabbaq

Maakt: 6

INGREDIËNTEN:
⅔ kop / 130 g ongezouten boter, gesmolten
14 vellen filodeeg, 31 bij 39 cm
2 kopjes / 500 g ricottakaas
250 g zachte geitenmelkkaas
geplette ongezouten pistachenoten, om te garneren (optioneel)
SIROOP
6 eetlepels / 90 ml water
afgerond 1⅓ kopjes / 280 g superfijne suiker
3 eetlepels vers geperst citroensap

Verwarm de oven voor op 230°C. Bestrijk een bakplaat met een ondiepe rand van ongeveer 28 bij 37 cm met wat van de gesmolten boter. Spreid er een vel filodeeg over uit, stop het in de hoeken en laat de randen overhangen. Bestrijk alles met boter, bedek met een ander vel en bestrijk opnieuw met boter. Herhaal het proces totdat je 7 gelijkmatig gestapelde vellen hebt, elk geborsteld met boter.

Doe de ricotta en de geitenmelkkaas in een kom en pureer ze met een vork goed door elkaar. Spreid uit over het bovenste filovel en laat 2 cm vrij rond de rand. Bestrijk het oppervlak van de kaas met boter en bedek met de resterende 7 vellen filodeeg, bestrijk ze beurtelings met boter.

Gebruik een schaar om ongeveer ¾ inch / 2 cm van de rand af te knippen, maar zonder de kaas te bereiken, zodat deze goed in het deeg blijft zitten. Gebruik je vingers om de filoranden voorzichtig onder het deeg te schuiven om een nette rand te krijgen. Bestrijk alles met meer boter. Gebruik een scherp mes om het oppervlak in vierkanten van ongeveer 2¾-inch / 7 cm te snijden, zodat het mes bijna de bodem kan bereiken, maar niet helemaal. Bak gedurende 25 tot 27 minuten, tot ze goudbruin en krokant zijn.

Bereid de siroop terwijl het deeg aan het bakken is. Doe het water en de suiker in een kleine steelpan en meng goed met een houten lepel. Zet op middelhoog vuur, breng aan de kook, voeg het citroensap toe en laat 2 minuten zachtjes koken. Haal van het vuur.

Giet de siroop langzaam over het deeg zodra je het uit de oven haalt, zorg ervoor dat het gelijkmatig intrekt. Laat 10 minuten afkoelen. Bestrooi met de geplette pistachenoten, indien gebruikt, en snijd in porties.

SPECERIJEN

93. Avocado-Pistache Pesto

Maakt: 1 KOP

INGREDIËNTEN:
- ½ eetlepel geplette knoflook (ongeveer 1 middelgroot teentje)
- ½ theelepel zout
- 1 kopje gepelde pistachenoten
- 2 kopjes verse basilicum, licht verpakt
- 1 eetlepel citroensap
- ½ kopje gehakte rijpe avocado
- 1 eetlepel olijfolie

Doe de knoflook en het zout in een keukenmachine. Verwerk in kleine stukjes. Voeg de pistachenoten toe en verwerk ze tot kleine stukjes. Voeg de basilicum, het citroensap, de avocado en de olijfolie toe en verwerk tot alles goed gemengd is.

Deze pesto kun je het beste vers maken en binnen een paar uur na bereiding opeten. De delen die aan de lucht worden blootgesteld, zullen na verloop van tijd beginnen te oxideren en bruin worden, dus u wilt de bovenste bruine laag wegscheppen voordat u ze gebruikt.

94. Geitenkaas en pistache spread

Maakt: 1 Porties

INGREDIËNTEN:
- 2 pakken (3 oz) geitenkaas; verzacht
- ¼ kopje Gehakte pistachenoten
- 1 grote teen knoflook; gehakt
- ½ theelepel Zout
- 1 stok; (1/2 kop) boter, verzacht
- ¼ kopje Gehakte verse bieslook

a) Combineer knoflook en zout in een keukenmachine, laat 10-15 minuten staan.
b) Voeg dan de geitenkaas, boter en bieslook toe. Mixen tot een gladde substantie.
c) Roer de pistachenoten erdoor, garneer met meer bieslook.
d) Serveer met crostini, crackers of een gesneden stokbrood.

95. Pesto van pistache -basilicum

Maakt: 1 Porties

INGREDIËNTEN:
- 1 kop verse basilicum
- 1 kopje gepelde pistachenoten
- 2 teentjes knoflook; (tot en met 3)
- ½ kopje vers geraspte Parmezaanse kaas
- Olijfolie

a) Doe alle ingrediënten in de blender en mix - je hebt misschien tot ⅔ c nodig. olijfolie De Parmezaanse kaas maakt het dikker. Serveer over hete pasta.

b) POMPOENZAADPESTO: Zoals hierboven, maar vervang pistachenoten door pompoenpitten.

c) Voeg eventueel ook 5 gram verse spinazie toe.

DRANKJES

96. Smoothie Aardbei & Pistache

Porties: 4

INGREDIËNTEN:
3 kopjes bevroren aardbeien
1 kopje gepelde, geroosterde pistachenoten
1 kopje ongezoete vanille amandelmelk
1 1/2 eetlepel pure ahornsiroop
1 kopje water

INSTRUCTIES:
Plaats je pistachenoten in een kom en bedek ze volledig met water. Laat minimaal 3 uur weken of indien mogelijk een nacht.
Giet het water af en spoel de pistachenoten grondig af. Doe ze in een blender.
Pureer de overige ingrediënten in de blender tot een glad en romig geheel. Serveer en geniet!

97. Groene Thee Gin

INGREDIËNTEN:
VOOR DE MET GROENE THEE GEÏNFUSEERDE GIN
- 750ml fles jenever
- 1/4 kopje groene theeblaadjes

VOOR DE GEZOUTEN PISTACHIONINGSTROOP
- 1/2 kopje water
- 1/2 kopje gezouten pistachenoten
- 1/2 kopje honing

INSTRUCTIES:

a) Combineer alle ingrediënten en laat 2 uur trekken.

b) Zeef de theeblaadjes eruit.

98. Ongelooflijke Hulk

INGREDIËNTEN:
- 2 schepjes vanille-eiwit
- 1/2 Eetlepels suikervrije pistachepuddingmix
- Een paar druppels pepermuntextract
- 1 paar druppels groene kleurstof (optioneel)
- 8 Oz. koud water of magere melk
- 3-5 ijsblokjes

INSTRUCTIES:

a) Gooi alle ingrediënten in een blender gedurende 30-60 seconden.

99. Bessen Pistache Smoothie

Maakt: 1

INGREDIËNTEN:
- ¾ kopje verse of bevroren frambozen
- ¼ kopje verse of bevroren aardbeien
- ½ sinaasappel
- 2 eetlepels pistachenoten
- 1 eetlepel honing
- ¼ kopje melk of meer indien nodig; elk soort

INSTRUCTIES
a) Doe de ingrediënten in een blender en pulseer tot een gladde massa, ongeveer 1 minuut.
b) Genieten!

100. Pistache Banaan Smoothie Met Avocado

Maakt: 2

INGREDIËNTEN
- 2 bevroren bananen
- 1 grote handvol (ongeveer 1 kop) bevroren of verse spinazie
- 1 kopje bevroren bloemkoolroosjes
- ¼ kopje pistachenoten
- 2 kopjes water
- ¼ avocado
- 1 eetlepel chiazaad
- 2 porties vanille-eiwitpoeder

INSTRUCTIES
a) Doe alle ingrediënten in een blender. Mixen tot een gladde substantie.
b) Sleutelwoorden: Smoothie met Pistache Banaan en Avocado

CONCLUSIE

We hopen dat dit kookboek je heeft geïnspireerd om te experimenteren met pistachenoten bij het koken en bakken. Met zoveel lekkere recepten om uit te kiezen, is er geen excuus om niet iets nieuws te proberen. Of je nu een zoete lekkernij of een hartig gerecht serveert, pistachenoten voegen zeker een heerlijke en nootachtige smaak toe aan je creaties. Bedankt voor je deelname aan deze culinaire reis en we kunnen niet wachten tot je kunt genieten van alle heerlijke recepten in dit boek! .

Ingram Content Group UK Ltd.
Milton Keynes UK
UKHW021149220623
423869UK00009B/40